Georges
Bernanos

LA FRANCE CONTRE LES ROBOTS

Georges Bernanos

LA FRANCE CONTRE LES ROBOTS
- Civilisation et Technologie [1] -

Edition originale : 1947

[1] Civilisation et Technologie : sous-titre proposé par AOJB

© 2019, AOJB
Edition : BoD – Books on Demand,
12/14 rond-point des Champs-Elysées,
75008 Paris.
Impression : BoD - Books on
Demand, Norderstedt, Allemagne
ISBN : 978-2-3221-7161-3
Dépôt légal : mars 2019

Sommaire

NOTE DE L'EDITEUR 7

PREFACE 9

I 17

II 25

III 37

IV 47

V 55

VI 71

VII 103

VIII 117

NOTE DE L'EDITEUR

Cet ouvrage, dont le texte vient de parvenir en France, fut écrit à la fin de 1944 *et donné par l'auteur au* Comité de la France Libre *du Brésil qui en a publié l'édition originale.*

A Auguste Rendu, Président du Comité France Libre à Rio de Janeiro, à Madame Rendu et aux Membres du Comité,

Marcel Layolle, Jean Hauser, André Faure, René Bouguié, Yves Mainguy, Léon Reuché, René Wurmser, Maurice Cellier, Pierre Aubaud, Louis Hutier, Arthus Germain

en témoignage de ma fidélité fraternelle à leur souvenir et à leur exemple.

G. BERNANOS.

PREFACE

Mon cher ami, c'est à vous et à votre chère et vaillante femme que je veux dédier ces pages, les dernières que j'écrirai au Brésil, après sept années d'exil. Je dis sept années parce que — mieux vaut peut-être le rappeler tout de suite — c'est en 1938 que j'ai quitté mon pays ; je dis sept années d'exil, car, après Munich, fussé-je resté en France, j'y aurais été aussi un exilé.

Voilà longtemps que nous nous connaissons, Rendu, et c'est pourtant aujourd'hui la première fois qu'il m'arrive de dire publiquement ce que je pense de vous. Dans les quatre volumes du Chemin de la Croix-des-Âmes, *votre nom n'est pas cité une fois. Je n'avais jamais pensé jusqu'ici à cette anomalie, et il est probable que vous n'y aviez pas pensé davantage. Lorsque deux bons ouvriers travaillent côte à côte, chacun d'eux ne pense qu'à sa propre besogne, parce qu'il sait que celle du voisin sera faite aussi consciencieusement que la sienne. Eh bien, Rendu, voilà le témoignage que je veux vous rendre d'abord. Je sais ce que c'est que le travail, le vrai, pas le travail d'amateur. Vous êtes un bon ouvrier, Rendu. Et votre chère femme est aussi une bonne ouvrière ; vous* *faites, à vous deux, comme aurait dit Péguy, un rude ménage ouvrier. Voilà précisément ce qui n'est pas du goût de tout le monde. On vous aurait pardonné de donner à notre pays de la camelote, de l'article de bazar, et vous lui avez fourni, au contraire, ce que les braves gens de chez nous appellent du bon, du solide, fait avec de vrais outils, de forts et loyaux outils, et qui pesaient le poids qu'il faut. Evidemment, lorsqu'un malheureux atteint de cette curieuse espèce d'anémie morale qui porte le nom de pétainisme, de cette bizarre décoloration de la conscience — la maladie des consciences pâles — vient vous déranger dans votre travail, s'approche trop près de l'établi, et que Mme Rendu lui laisse malicieusement tomber l'outil sur les pieds, le pauvre diable s'en va furieux. Tant pis pour le pauvre diable ! Tant pis pour les décolorés ! Nous trouvons que leur décoloration chronique a déjà coûté très cher à la France. C'est pour eux, pour leur santé, qu'elle est allée jadis à Munich. Elle aurait pu d'ailleurs s'épargner le voyage, car, deux ans plus tard, les décolorés étaient plus décolorés que jamais, la honte de l'armistice ne leur a même pas rendu de couleurs. La France s'occupera d'eux plus tard. Certes, nous ne doutons pas que notre pays reprenne un jour sa place traditionnelle à la tête de la civilisation — ou de ce qu'il en restera, de ce que les conférences en auront laissé ; mais elle a encore beaucoup de chemin à* *faire, et, lorsqu'on part pour une longue étape, on ne s'embarrasse pas de traînards et de mal fichus.*

Cher ami, en m'adressant à vous, je pense à tous ceux qui ont fait, dans cette Amérique du Sud que je vais quitter, le même travail que vous. Je les salue de tout mon cœur. Vous étiez pour la plupart des hommes tranquilles et laborieux, attachés à leur métier, à leur négoce, à leur famille, et généralement peu soucieux de politique. La nouvelle de l'armistice vous a tous frappés de stupeur avant de vous enflammer de colère. Vous n'avez pas discuté l'armistice, vous avez refusé d'entrer dans les prétendues raisons de l'armistice. Vos adversaires en profitent pour vous accuser d'intransigeance, et même de fanatisme. Ils ont ainsi dupé un certain nombre de naïfs qui, dans le but de rassurer leur propre conscience, ne demandaient pas mieux que de vous croire aveuglés par la passion. Car vos pires ennemis, les pires ennemis de votre œuvre, n'étaient pas ceux qui mettaient en doute votre désintéressement, votre sincérité, c'étaient ceux qui feignaient de rendre hommage à « vos illusions généreuses ». Les « illusions généreuses » ! Tout le monde sait ce que ces deux mots signifient aujourd'hui, traduits en patois yankee. On ne pouvait pas dire plus clairement que nous étions des imbéciles. Eh bien, Rendu, lorsque vous et vos amis refusiez d'entrer dans les raisons de l'armistice, ce n'était nullement parce que vous redoutiez d'être convaincus. Vous refusiez d'entrer dans ces raisons parce qu'elles ne valaient rien. Ce que vous opposiez au déshonneur, c'était d'abord, et avant tout, le bons sens — un jugement droit. Mais ce mot de droit n'en suggère-t-il pas un autre ? On ne saurait être à la fois droit et tordu. Qui dit droit, n'est-ce pas, dit aussi inflexible. Vous étiez le bon sens inflexible. Alors que la plupart des valeurs brillantes révélaient brusquement leur impuissance et leur malfaisance, nous menaçant ainsi d'une faillite spirituelle mille fois plus désastreuse que la faillite militaire, la France s'est repliée sur vous, sur le bon sens populaire, comme un homme pressé de toutes parts s'adosse à un mur pour faire face. Vous opposiez le Bon Sens au Réalisme. S'il n'y avait que des salauds dans le monde, le Réalisme serait aussi le Bon Sens, car le Réalisme est précisément le bon sens des salauds. Lorsque, au temps de Munich, Jean Cocteau criait : « Vive la Paix Honteuse ! », il prouvait une fois de plus que le Réalisme n'est qu'une exploitation, une déformation du réel, un idéalisme à rebours. Car il n'y a pas de paix honteuse, il n'y a pas de véritable paix dans la honte. Une paix injuste peut, momentanément du moins, produire des fruits utiles, au lieu qu'une paix honteuse restera toujours par définition une paix stérile. Le bon sens et l'honneur sont d'accord sur ce point, quoi de plus naturel ? L'honneur n'est-il pas un peu au bon sens ce que la Sainteté est à la Vertu, l'honneur n'est-il pas le bon sens au degré le plus éminent ? Le bon sens et l'honneur ensemble, voilà sur quoi s'est toujours fondée la grandeur française, voilà le principe de toute union nationale. Les imbéciles de Vichy ont cru très malin d'opposer le bon sens à l'honneur, mais l'honneur et le bon sens ont fini par se rejoindre pour former ce mélange détonant qui a explosé sous leurs derrières. Ils s'en frottent encore les fesses.

Cher ami, à l'heure où j'écris ces lignes, notre Gouvernement vient de vous honorer, honorant dans votre personne tous ceux qui, à travers cette immense Amérique latine, ont tenu bon comme vous. La décoration que vous avez reçue a un immense avantage sur les autres : c'est que, instituée depuis peu de temps, elle n'a pas encore beaucoup servi. Mais vous, Rendu, si l'on veut bien me permettre de risquer cette espèce de calembour, vous avez beaucoup servi, vous avez bien servi, vous avez bien servi la France. Je dis la France, celle d'hier et celle de demain, la France immortelle. Car cette France d'aujourd'hui à laquelle nous appartenons premièrement par la chair, puisque nous y sommes nés, que nous n'avons pas encore achevé d'y mourir, elle est la France, certes, mais une France où se trouvent étroitement mêlés le bon et le mauvais, le périssable et l'impérissable. De la France d'aujourd'hui, vous vous êtes efforcé de servir la part impérissable. Ce service ne va pas sans déceptions. Vous aviez accepté ces déceptions par avance. La

France périssable, celle des combinaisons politiques et des partis, destinée à disparaître en même temps que les générations qui la constituent, vous aurait demandé beaucoup moins de sacrifices, pour de considérables profits, n'importe ! Les événements vous ont donné raison, ils ont donné raison à vous et à l'honneur. Cela devrait clore le débat. Malheureusement ce n'est ni à vous, ni à l'honneur que se sont ralliés vos anciens adversaires ; ils ne se sont ralliés qu'au succès, afin d'en tirer parti. Nous les voyons déjà exploiter cyniquement vos idées et vos formules. Ils en déforment le sens, ils en faussent l'esprit. Oh ! certes, nous souhaitons autant que personne l'union des Français ; je ne voudrais pas la retarder d'un jour, d'une heure. Mais, il y a quelque chose de plus précieux que l'union, ce sont les principes au nom desquels on s'unit.

Cher Rendu, ni vous, ni vos amis, n'avez jamais refusé d'accueillir ceux qui, reconnaissant leurs erreurs et la nécessité de les réparer, sont venus à vous franchement. Mais vous devez continuer à repousser l'insolente prétention des traîtres, des lâches ou des imbéciles qui n'ont jamais réclamé l'union que pour essayer de la confisquer à leur profit, afin de vous en exclure. Car ils ne vous demandent pas d'oublier ou d'excuser leurs fautes. Ils exigeraient bien plutôt que vous justifiiez ces fautes à vos dépens, aux dépens de la vérité. Voilà précisément ce que vous ne pourriez faire sans trahir la mission que vous avez reçue. L'esprit de l'armistice est inséparable de l'esprit de collaboration, le drame de l'armistice et celui de la collaboration ne font qu'un seul et même drame, celui de la conscience nationale, obscurcie par les équivoques. La loyauté inflexible d'hommes tels que vous a dissipé ces équivoques. Il ne faut pas qu'elles se retrouvent un jour, sous une forme ou sous une autre, dans la conscience des futurs petits Français.

Georges BERNANOS.
5 Janvier 1945

I

Si le monde de demain ressemble à celui d'hier, l'attitude de la France sera révolutionnaire. Lorsqu'on s'en tient à certains aspects de la situation actuelle, cette affirmation peut paraître très audacieuse. Dans le moment même où j'écris ces lignes, les puissants rivaux qui se disputent, sur le cadavre des petites nations, le futur empire économique universel, croient déjà pouvoir abandonner, vis-à-vis de nous, cette ancienne politique expectative, qui a d'ailleurs toujours été celle des régimes conservateurs en face des révolutions commençantes. On dirait qu'une France libérée de l'ennemi les inquiète beaucoup moins que la France prisonnière, mystérieuse, incommunicable, sans regard et sans voix. Ils s'efforcent, ils se hâtent de nous faire rentrer dans le jeu — c'est-à-dire dans le jeu politique traditionnel dont ils connaissent toutes les ressources, et où ils se croient sûrs de l'emporter tôt ou tard, calculant les atouts qui leur restent et ceux que nous avons perdus. Il est très possible que cette manœuvre retarde un assez long temps les événements que j'annonce. Il est très possible que nous rentrions dans une nouvelle période d'apaisement, de recueillement, de travail, en faveur de laquelle sera remis à contribution le ridicule vocabulaire, à la fois cynique et sentimental, de Vichy. Il y a beaucoup de manières, en effet, d'accepter le risque de la grandeur, il n'y en a malheureusement qu'une de le refuser. Mais qu'importe ! Les événements que j'annonce peuvent être retardés sans dommage. Nous devons même prévoir avec beaucoup de calme un nouveau déplacement

I

de cette masse informe, de ce poids mort, que fut la Révolution prétendue nationale de Vichy. Les forces révolutionnaires n'en continueront pas moins à s'accumuler, comme les gaz dans le cylindre, sous une pression considérable. Leur détente, au moment de la déflagration, sera énorme.

Le mot de Révolution n'est pas pour nous, Français, un mot vague. Nous savons que la Révolution est une rupture, la Révolution est un absolu. Il n'y a pas de révolution modérée, il n'y a pas de révolution dirigée — comme on dit l'Economie dirigée. Celle que nous annonçons se fera contre le système actuel tout entier, ou elle ne se fera pas. Si nous pensions que ce système est capable de se réformer, qu'il peut rompre de lui-même le cours de sa fatale évolution vers la Dictature — la Dictature de l'argent, de la race, de la classe ou de la Nation — nous nous refuserions certainement à courir le risque d'une explosion capable de détruire des choses précieuses qui ne se reconstruiront qu'avec beaucoup de temps, de persévérance, de désintéressement et d'amour. Mais le système ne changera pas le cours de son évolution, pour la bonne raison qu'il n'évolue déjà plus ; il s'organise seulement en vue de durer encore un moment, de survivre. Loin de prétendre résoudre ses propres contradictions, d'ailleurs probablement insolubles, il paraît de plus en plus disposé à les imposer par la force, grâce à une réglementation chaque jour plus minutieuse et plus stricte des activités particulières, faite au nom d'une espèce de socialisme d'Etat, forme démocratique de la dictature. Chaque jour, en effet, nous apporte la preuve que la période idéologique est depuis longtemps dépassée, à

New-York comme à Moscou ou à Londres. Nous voyons la Démocratie impériale anglaise, la Démocratie ploutocratique américaine et l'Empire marxiste des Dominions Soviétiques sinon marcher la main dans la main — il s'en faut ! — du moins poursuivre le même but, c'est-à-dire maintenir coûte que coûte, fût-ce en ayant l'air de le combattre, le système à l'intérieur duquel ils ont tous acquis richesse et puissance. Car, à la fin du compte, la Russie n'a pas moins tiré profit du système capitaliste que l'Amérique ou l'Angleterre ; elle y a joué le rôle classique du parlementaire qui fait fortune dans l'opposition. Bref, les régimes jadis opposés par l'idéologie sont maintenant étroitement unis par la technique. Le dernier des imbéciles, en effet, peut comprendre que les techniques des gouvernements en guerre ne diffèrent que par de négligeables particularités, justifiées par les habitudes, les mœurs. Il s'agit toujours d'assurer la mobilisation totale pour la guerre totale, en attendant la mobilisation totale pour la paix totale. Un monde gagné pour la Technique est perdu pour la Liberté.

En parlant ainsi, je me moque de scandaliser les esprits faibles qui opposent aux réalités des mots déjà dangereusement vidés de leur substance, comme par exemple celui de Démocratie. Qu'importe ! Si vous êtes trop lâches pour regarder ce monde en face afin de le voir tel qu'il est, détournez les yeux, tendez les mains à ses chaînes. Ne vous rendez pas ridicules en prétendant y voir ce qui n'existe que dans votre imagination ou dans le bavardage des avocats. Ne commettez pas surtout l'infamie de lui prostituer le mot de révolution, ce mot religieux, ce mot sacré, tout ruisselant à travers les siècles

I

du sang des hommes. Ne lui prostituez pas non plus le mot de progrès. Jamais un système n'a été plus fermé que celui-ci, n'a offert moins de perspectives de transformations, de changements, et les catastrophes qui s'y succèdent, avec une régularité monotone, n'ont précisément ce caractère de gravité que parce qu'elles s'y passent en vase clos. Qu'il s'intitule capitaliste ou socialiste, ce monde s'est fondé sur une certaine conception de l'homme, commune aux économistes anglais du XVIIIe siècle, comme à Marx ou à Lénine. On a dit parfois de l'homme qu'il était un animal religieux. Le système l'a défini une fois pour toutes un animal économique, non seulement l'esclave mais l'objet, la matière presque inerte, irresponsable, du déterminisme économique, et sans espoir de s'en affranchir, puisqu'il ne connaît d'autre mobile certain que l'intérêt, le profit. Rivé à lui-même par l'égoïsme, l'individu n'apparaît plus que comme une quantité négligeable, soumise à la loi des grands nombres ; on ne saurait prétendre l'employer que par masses, grâce à la connaissance des lois qui le régissent. Ainsi, le progrès n'est plus dans l'homme, il est dans la technique, dans le perfectionnement des méthodes capables de permettre une utilisation chaque jour plus efficace du matériel humain.

Cette conception, je le répète, est à la base de tout le système, et elle a énormément facilité l'établissement du régime en justifiant les hideux profits de ses premiers bénéficiaires. Il y a cent cinquante ans, tous ces marchands de coton de Manchester — Mecque du capitalisme universel — qui faisaient travailler dans leurs usines, seize heures par jour, des enfants de douze ans que les contremaîtres devaient, la nuit venue, tenir éveillés à coups de baguettes, couchaient tout de même avec la Bible sous leur oreiller. Lorsqu'il leur arrivait de penser à ces milliers de misérables que la spéculation sur les salaires condamnait à une mort lente et sûre, ils se disaient qu'on ne peut rien contre les lois du déterminisme économique voulues par la Sainte Providence, et ils glorifiaient le Bon Dieu qui les faisait riches... Les marchands de coton de Manchester sont morts depuis longtemps, mais le monde moderne ne peut les renier, car ils l'ont engendré matériellement et spirituellement, ils l'ont engendré au Réalisme — dans le sens où saint Paul, écrit à son disciple Timothée qu'il l'a engendré dans la grâce. Leur réalisme biblique, devenu athée, a maintenant des méthodes plus rationnelles. Le génie américain résout autrement qu'eux la question des salaires ; mais il faut avouer qu'en leur temps le matériel humain ne risquait pas de manquer, on n'avait, si j'ose dire, qu'à se baisser pour ramasser un affamé prêt à travailler à n'importe quel prix. La politique de production à outrance ménage aujourd'hui sa main-d'œuvre, mais la furie de spéculation qu'elle provoque déchaîne périodiquement des crises économiques ou des guerres qui jettent à la rue des millions de chômeurs, ou des millions de soldats au charnier... Oh ! je sais bien que des journalistes, peu respectueux de leur public, prétendent distinguer entre ces deux sortes de catastrophes, mettant les crises économiques au compte du Système, et les guerres à celui des dictateurs. Mais le déterminisme économique est aussi bon pour justifier les crises que les guerres, la destruction d'immenses stocks de produits alimentaires en vue seulement de maintenir les prix comme le sacrifice de troupeaux d'hommes. N'est-ce pas le propre vice-président des Etats-Unis, M. Wallace,

I

qui citait dernièrement, au tribunal de l'Histoire, les maîtres de la spéculation universelle, les chefs des grands trusts internationaux, les contrôleurs de marchés auxquels il faut une guerre tous les vingt ans ?

Ce qui fait l'unité de la civilisation capitaliste, c'est l'esprit qui l'anime, c'est l'homme qu'elle a formé. Il est ridicule de parler des dictatures comme de monstruosités tombées de la lune, ou d'une planète plus éloignée encore, dans le paisible univers démocratique. Si le climat du monde moderne n'était pas favorable à ces monstres, on n'aurait pas vu en Italie, en Allemagne, en Russie, en Espagne, des millions et des millions d'hommes s'offrir corps et âmes aux demi-dieux, et partout ailleurs dans le monde — en France, en Angleterre, aux Etats-Unis — d'autres millions d'hommes partager publiquement ou en secret la nouvelle idolâtrie. On n'observerait pas aujourd'hui encore ce curieux complexe d'infériorité qui, même sur le chemin de la victoire, semble frapper d'inhibition les Démocraties en face des régimes déjà déchus — ceux de Salazar ou de Franco — comme au temps honteux, inexpiable, de la guerre d'Ethiopie, ou à celui, plus abject encore, de la non-intervention espagnole.

Il est possible que ces vérités déplaisent. Lorsque, en vue de cet entretien, je commençais à les mettre en ordre sur le papier, la tentation m'est venue plus d'une fois de leur substituer quelques autres vérités incapables de choquer personne, inoffensives. Pour dominer cette tentation, ce n'est pas à mon pays que j'ai pensé d'abord — j'ai pensé aux amis de mon pays. Je dois ces vérités françaises aux Amis de mon pays. En les leur donnant, je n'ai pas la prétention de les détacher dès maintenant de certains préjugés faciles. Je leur demande de garder ces vérités dans quelque coin de leur cerveau, dans quelque repli de leur cœur, pour le jour où la France, écartant amis et ennemis, se montrera de nouveau telle qu'elle est, fera face ! Ils verront alors que je ne leur ai pas menti.

II

Notre peuple a le droit de se dire quitte envers les Démocraties. De 1914 à 1918, il leur a sacrifié deux millions de morts et les trois quarts de la fortune nationale. En 1939, elles lui ont demandé le sacrifice total. Je dis que les Démocraties ont demandé à notre peuple le sacrifice total, parce qu'il n'y a pas aujourd'hui, au Brésil comme ailleurs, un homme sensé pour refuser d'admettre que nous n'aurions pu attendre deux ans l'Angleterre, quatre ans l'Amérique, ayant sur les bras toute la machine de guerre allemande, et sans le concours de la Russie. Nos divisions auraient fondu l'une après l'autre, comme de la cire, dans ce Verdun colossal. Le rôle réservé à la France était d'ailleurs précisément celui d'une troupe qui se fait tuer pour donner aux réserves le temps d'arriver. Après quoi, quelques années plus tard, comme en 1925, nous aurions reçu la note des fournitures.

Notre peuple a le droit de se dire matériellement et moralement quitte envers les Démocraties, mais il sait aussi qu'un grand peuple chargé d'histoire n'est jamais quitte envers personne. Un grand peuple ne saurait se proclamer isolationniste sans se renier lui-même. Ce que notre peuple, ce que le peuple de la Résistance exige, ce qu'il a conquis par ses sacrifices et par ses martyrs, c'est le droit de reprendre les idées qu'il a jadis répandues largement dans le monde et que l'intérêt, la mauvaise foi, l'ignorance et la sottise ont exploitées, déformées, usées, au point qu'il ne les reconnaît plus lui-même. Les

II

reprendre, comme jadis on renvoyait à la fonte les monnaies d'or et d'argent. Les reprendre, les renvoyer à la fonte et à la frappe, pour qu'elles puissent encore servir, servir à tous. Ou encore, s'il m'est permis d'exprimer ma pensée par une autre image, un peu oratoire en apparence mais profondément, douloureusement juste, reprendre notre Révolution à un monde cynique et âpre qui ne l'a jamais comprise, qui ne peut plus que la trahir. Je dis « Notre Révolution » avec une assurance tranquille. En le disant, je me sens d'accord avec ce que je me suis toujours efforcé de servir : la tradition, l'esprit, l'âme de notre peuple. Plus que jamais je crois avec Michelet, mais aussi avec Mgr le Comte de Chambord — le dernier de nos rois Bourbons — que le plus grand malheur des Français fut assurément de se diviser sur une Révolution qui aurait dû les unir, qui les a unis réellement, nobles, prêtres et bourgeois, à certaines heures sublimes, le jour de la Fédération par exemple, ou dans la nuit du Quatre Août. L'étranger n'a pas seulement exploité notre tragique malentendu, il l'a provoqué, il l'a entretenu, il l'entretient encore. Lorsqu'elles soutenaient contre de Gaulle cette poignée de nobles dégénérés, de militaires sans cervelle et sans cœur, d'intellectuels à la solde des spéculateurs, d'académiciens sans vergogne, de prélats serviles, bref le syndicat des rancunes et des impuissances, présidé par le maréchal Pétain, les Démocraties, incurablement réactionnaires, pratiquaient exactement, à l'égard de notre pays, la politique inaugurée jadis par Pitt et Cobourg. Mais du moins Pitt et Cobourg ne prétendaient pas parler au nom des Démocraties. Nous voyons au contraire se former, plus ou moins secrètement en vue des luttes futures pour la stabilité de la Paix, c'est-à-dire pour le partage des marchés, une coalition d'ignorance et d'intérêts qui s'autorise précisément contre nous des traditions de la Démocratie. Le moment me paraît venu de lui opposer notre tradition de la Liberté.

Il y a une tradition française de la Liberté. En 1789, tous les Français, pour un moment du moins, ont communié dans cette tradition, chacun selon l'étendue de ses connaissances ou la force de son esprit, mais avec une foi simple, unanime. Pour un moment, pour un petit nombre de jours d'un été radieux, la Liberté fut une et indivisible. Reprendre notre Révolution, c'est remonter à la racine, au principe, au cœur enflammé de notre union nationale. Quelle était, avant nos discordes civiles, à l'heure où la France prenait, sinon le plus clairement, du moins le plus passionnément, conscience d'elle-même, en pleine explosion du traditionnel humanisme français, l'idée que la France se faisait de la liberté ? Est-il donc une idée de la liberté qui réconcilie tous les Français ? Est-elle capable de réconcilier tous les hommes ?

Ce sont là des questions simples. Nous ne prétendons nullement confisquer ce mot de liberté à notre usage, mais nous avons cependant quelque droit sur lui. Plus qu'un autre peuple, notre peuple l'a incarné, l'a fait sang et chair. Pendant tout le dix-neuvième siècle, si l'on eût demandé à un homme cultivé d'Europe ou d'Amérique quels souvenirs historiques réveillait dans son esprit le mot de liberté, il aurait sans doute répondu par le nom de la Bastille, de Valmy, ou une strophe de *La Marseillaise*. Aujourd'hui encore, pour les lecteurs innombrables de notre histoire révolutionnaire, pour tous ceux qui dans leur jeunesse se sont enivrés de cette aventure

II

merveilleuse, devenue tout de suite, on ne sait comment ni pourquoi, légendaire, de ces grandes images d'Epinal aux couleurs joyeuses et violentes, le mot peuple — la Justice du Peuple, la Volonté du Peuple — évoque aisément le peuple des barricades. Mais le peuple des barricades n'est pas le Peuple tout court, c'est le peuple français — ou plutôt c'est l'Histoire de France insurgée. En le rappelant, nous ne prétendons humilier personne. Nous voudrions seulement que cette pure figure, pour le bien de tous, fût gardée intacte, comme nous voudrions aussi, pour le bien de tous, que ne risquât plus d'être altérée, au bénéfice de n'importe quel démagogue totalitaire, notre tradition nationale de la liberté. Car enfin — à la fin des fins — l'ouvrier du faubourg Saint-Antoine, immortalisé par le génie de l'auteur des *Misérables* — le vieux travailleur idéaliste à cheveux gris, au regard d'enfant et d'apôtre, mille fois plus chrétien sans le savoir que les chrétiens qui le maudissaient, le rêveur incorrigible mourant content sur la barricade pour le bonheur du genre humain, ressemblait certainement encore plus au garde national bourgeois, lecteur de Rousseau et de Voltaire, qui l'ajustait de l'autre côté de la rue, qu'à l'opulent gaillard américain, bien logé, bien vêtu, bien nourri, bourré de vitamines, touchant un salaire énorme et décidé à toucher plus encore, à la faveur de la guerre. Il est possible que nous ne soyons plus dignes de l'ouvrier du faubourg Saint-Antoine, mais nous sommes tout de même, lui et nous, de la même terre et de la même histoire. Nous ne le comparons pas à l'ouvrier de Detroit ou de Chicago, dans l'intention de savoir lequel des deux appartient à un type d'humanité supérieure. Mais il doit être de plus en plus clair pour tous que, dans la construction du monde de demain, on ne saurait utiliser indifféremment l'un ou l'autre de ces deux types. Qui, dès maintenant, parle au nom de l'un, ne peut se vanter de parler toujours au nom de l'autre. Pour m'exprimer plus clairement et plus loyalement encore, leurs conceptions de la vie ne se contredisent peut-être pas ; elles ne se juxtaposent pas non plus. Et si elles ne se contredisent pas aujourd'hui, elles peuvent se contredire demain.

Lorsqu'un homme crie : « Vive la Liberté ! » il pense évidemment à la sienne. Mais il est extrêmement important de savoir s'il pense à celle des autres. Car un homme peut servir la liberté par calcul, ainsi qu'une simple garantie de la sienne. En ce cas, lorsque cette garantie ne lui paraît pas nécessaire, qui l'empêcherait de faire bon marché de la liberté du voisin, ou même de s'en servir comme d'un objet d'échange et de compromis ? Telle fut la politique de l'Isolationnisme américain, comme aussi celle de Munich. Telle est encore la politique de cette guerre. Elle s'est engagée au nom de la Liberté, mais on la définirait bien mieux une guerre pour la conservation de ce qui restait de liberté. Malheureusement le système en avait laissé si peu que chaque nation se réserve aujourd'hui jalousement sa part avec la crainte que la nation voisine en ait demain une part trop grande. C'est ce qui explique, par exemple, l'extraordinaire méfiance, pour ne pas dire la secrète répulsion, des Démocraties à l'égard des Italiens républicains qui refusent très justement leur obéissance à un roi dont il n'y a pas un royaliste au monde qui ne souhaite la déchéance et le châtiment, ne serait-ce que pour l'honneur de la Monarchie. L'Isolationnisme yankee a poussé cette politique jusqu'à l'absurde, avec ce cynisme

II

qui ressemble à la candeur. Il aurait volontiers fait de l'Amérique du Nord l'unique démocratie de l'univers, continuant à pratiquer tranquillement ses deux sports nationaux, l'élection présidentielle et le base-ball, tandis que les Dictatures auraient assuré l'ordre, à son profit, sur tout le reste de la planète. Tous ces gens-là croient aussi peu à la Liberté qu'ils se vantent d'avoir sauvée, que nous-mêmes, il y a vingt-cinq ans, à la Paix de 1918... Ils ne pensent qu'à mettre d'avance au point les projets, les plans destinés à la protéger, du moins pour quelque temps, à l'intérieur de leur propre frontière, et sans grand souci de ce qui va se passer à l'intérieur de la frontière d'autrui. On peut dire, à ce point de vue, que leurs fameux plans sont aussi compliqués, aussi coûteux, aussi inutiles, que la Ligne Maginot.

Cette obsession du « Plan », cette conception uniquement défensive, égoïste, légaliste, et conservatrice de la Liberté, est véritablement une tare de l'esprit anglo-saxon. L'erreur traditionnelle du peuple anglais a toujours été de croire que les institutions l'ont fait libre, alors que c'est le peuple anglais lui-même qui jadis, au temps de sa jeunesse, a marqué ses institutions du signe de la liberté, comme d'une marque au fer rouge. Ce sont les démocrates qui font les Démocraties, c'est le citoyen qui fait la République. Une Démocratie sans démocrates, une République sans citoyens, c'est déjà une dictature, c'est la dictature de l'intrigue et de la corruption. La Liberté ne sera pas sauvée par les institutions, elle ne sera pas sauvée par la guerre. Quiconque observe les événements, a très bien compris que la guerre continue de déplacer les questions sans les résoudre. Son explosion a détruit l'équilibre des dictatures, mais on peut craindre qu'elles ne se regroupent entre elles, sous d'autres noms, pour un nouveau système d'équilibre plus stable que l'ancien, car s'il réussissait à se constituer, les faibles n'auraient plus rien à espérer de la rivalité des forts. Une Paix injuste régnerait sur un monde si totalement épuisé qu'elle y aurait les apparences de l'ordre.

Qui ne défend la liberté de penser que pour soi-même, en effet, est déjà disposé à la trahir. Il ne s'agit pas de savoir si cette liberté rend les hommes heureux, ou si même elle les rend moraux. Il ne s'agit pas de savoir si elle favorise plutôt le mal que le bien, car Dieu est maître du Mal comme du Bien. Il me suffit qu'elle rende l'homme plus homme, plus digne de sa redoutable vocation d'homme, de sa vocation selon la nature, mais aussi de sa vocation surnaturelle, car celui que la Liturgie de la Messe invite à la participation de la Divinité — *divinitatis consortes* — ne saurait rien renoncer de son risque sublime. En parlant comme je viens de le faire, je parle en chrétien et aussi en Français, je parle le langage de ma vieille chrétienté. Je comprends très bien qu'un incrédule m'objecte avec ironie la guerre d'Espagne. Je n'ai jamais nié le scandale, je puis même dire que je l'ai dénoncé, mais je reconnais volontiers qu'il subsiste toujours. L'affaire d'Espagne ne sera pas oubliée, l'affaire d'Espagne sera réglée en temps et lieu, je le jure. J'ai vu à Majorque, au cours de la Semaine Sainte de 1936, tandis que les équipes chargées de l'épuration parcouraient les villages pour y liquider les Mal-Pensants, à la moyenne de dix victimes par jour, la population terrorisée se presser aux tables saintes, afin d'obtenir le précieux certificat de communion pascale. Je comprends

II

très bien qu'un incrédule mette ces hideuses entreprises de sacrilège au compte d'un catholicisme exalté ! Lorsque j'étais jeune, j'aurais moi-même, dans l'innocence de mon âge, pris leurs auteurs pour des fanatiques que le zèle emportait au-delà du bon sens. L'expérience de la vie m'a depuis convaincu que le fanatisme n'est chez eux que la marque de leur impuissance à rien croire, à rien croire d'un cœur simple et sincère, d'un cœur viril. Au lieu de demander à Dieu la foi qui leur manque, ils préfèrent se venger sur les incrédules des angoisses dont l'humble acceptation leur vaudrait le salut, et lorsqu'ils rêvent de voir rallumer les bûchers, c'est avec l'espoir d'y venir réchauffer leur tiédeur — cette tiédeur que le Seigneur vomit. Non ! l'opinion cléricale qui a justifié et glorifié la farce sanglante du Franquisme n'était nullement exaltée. Elle était lâche et servile. Engagés dans une aventure abominable, ces évêques, ces prêtres, ces millions d'imbéciles, n'auraient eu pour en sortir qu'à rendre hommage à la liberté ; mais la vérité leur faisait plus peur que le crime.

Capitalistes, fascistes, marxistes, tous ces gens-là se ressemblent. Les uns nient la liberté, les autres font encore semblant d'y croire, mais, qu'ils y croient ou n'y croient pas, cela n'a malheureusement plus beaucoup d'importance, puisqu'ils ne savent plus s'en servir. Hélas ! le monde risque de perdre la liberté, de la perdre irréparablement, faute d'avoir perdu l'habitude de s'en servir... Je voudrais avoir un moment le contrôle de tous les postes de radio de la planète pour dire aux hommes : « Attention ! Prenez garde ! La Liberté est là, sur le bord de la route, mais vous passez devant elle sans tourner la tête ; personne ne reconnaît l'instrument sacré, les grandes orgues tour à tour furieuses ou tendres. On vous fait croire qu'elles sont hors d'usage. Ne le croyez pas ! Si vous frôliez seulement du bout des doigts le clavier magique, la voix sublime remplirait de nouveau la terre... Ah ! n'attendez pas trop longtemps, ne laissez pas trop longtemps la machine merveilleuse exposée au vent, à la pluie, à la risée des passants ! Mais, surtout, ne la confiez pas aux mécaniciens, aux techniciens, aux accordeurs, qui vous assurent qu'elle a besoin d'une mise au point, qu'ils vont la démonter. Ils la démonteront jusqu'à la dernière pièce et ils ne la remonteront jamais ! »

Oui, voilà l'appel que je voudrais lancer à travers l'espace ; mais vous-même qui lisez ces lignes, je le crains, vous l'entendriez sans le comprendre. Oui, cher lecteur, je crains que vous ne vous imaginiez pas la Liberté comme de grandes orgues, qu'elle ne soit déjà pour vous qu'un mot grandiose, tel que ceux de Vie, de Mort, de Morale, ce palais désert où vous n'entrez que par hasard, et dont vous sortez bien vite, parce qu'il retentit de vos pas solitaires. Lorsqu'on prononce devant vous le mot d'ordre, vous savez tout de suite ce que c'est, vous vous représentez un contrôleur, un policier, une file de gens auxquels le règlement impose de se tenir bien sagement les uns derrière les autres, en attendant que le même règlement les entasse pêle-mêle cinq minutes plus tard dans un restaurant à la cuisine assassine, dans un vieil autobus sans vitres ou dans un wagon sale et puant. Si vous êtes sincère, vous avouerez peut-être même que le mot de liberté vous suggère vaguement l'idée du désordre — la cohue, la bagarre, les prix montant d'heure en heure chez

II

l'épicier, le boucher, le cultivateur stockant son maïs, les tonnes de poissons jetées à la mer pour maintenir les prix. Ou peut-être ne vous suggérerait-il rien du tout, qu'un vide à remplir — comme celui, par exemple, de l'espace... Tel est le résultat de la propagande incessante faite depuis tant d'années par tout ce qui dans le monde se trouve intéressé à la formation en série d'une humanité docile, de plus en plus docile, à mesure que l'organisation économique, les concurrences et les guerres exigent une réglementation plus minutieuse. Ce que vos ancêtres appelaient des libertés, vous l'appelez déjà des désordres, des fantaisies. « Pas de fantaisies ! disent les gens d'affaires et les fonctionnaires également soucieux d'aller vite, le règlement est le règlement, nous n'avons pas de temps à perdre pour des originaux qui prétendent ne pas faire comme tout le monde... » Cela va vite, en effet, cher lecteur, cela va très vite. J'ai vécu à une époque où la formalité du passeport semblait abolie à jamais. N'importe quel honnête homme, pour se rendre d'Europe en Amérique, n'avait que la peine d'aller payer son passage à la Compagnie Transatlantique. Il pouvait faire le tour du monde avec une simple carte de visite dans son portefeuille. Les philosophes du XVIIIe siècle protestaient avec indignation contre l'impôt sur le sel — la gabelle — qui leur paraissait immoral, le sel étant un don de la Nature au genre humain. Il y a vingt ans, le petit bourgeois français refusait de laisser prendre ses empreintes digitales, formalité jusqu'alors réservée aux forçats. Oh ! oui, je sais, vous vous dites que ce sont là des bagatelles. Mais en protestant contre ces bagatelles le petit bourgeois engageait sans le savoir un héritage immense, toute une civilisation dont l'évanouissement progressif a passé presque inaperçu, parce que l'Etat Moderne, le Moloch Technique, en posant solidement les bases de sa future tyrannie, restait fidèle à l'ancien vocabulaire libéral, couvrait ou justifiait du vocabulaire libéral ses innombrables usurpations. Au petit bourgeois français refusant de laisser prendre ses empreintes digitales, l'intellectuel de profession, le parasite intellectuel, toujours complice du pouvoir, même quand il paraît le combattre, ripostait avec dédain que ce préjugé contre la Science risquait de mettre obstacle à une admirable réforme des méthodes d'identification, qu'on ne pouvait sacrifier le Progrès à la crainte ridicule de se salir les doigts. Erreur profonde ! Ce n'était pas ses doigts que le petit bourgeois français, l'immortel La Brige de Courteline, craignait de salir, c'était sa dignité, c'était son âme. Oh ! peut-être ne s'en doutait-il pas, ou ne s'en doutait-il qu'à demi, peut-être sa révolte était-elle beaucoup moins celle de la prévoyance que celle de l'instinct. N'importe ! On avait beau lui dire : « Que risquez-vous ? Que vous importe d'être instantanément reconnu, grâce au moyen le plus simple et le plus infaillible ? Le criminel seul trouve avantage à se cacher... » Il reconnaissait bien que le raisonnement n'était pas sans valeur, mais il ne se sentait pas convaincu. En ce temps-là, le procédé de M. Bertillon n'était en effet redoutable qu'au criminel, et il en est de même encore maintenant. C'est le mot de criminel dont le sens s'est prodigieusement élargi, jusqu'à désigner tout citoyen peu favorable au Régime, au Système, au Parti, ou à l'homme qui les incarne. Le petit bourgeois français n'avait certainement pas assez d'imagination pour se représenter un monde comme le nôtre si différent du sien, un monde où à chaque carrefour la Police d'Etat guetterait

II

les suspects, filtrerait les passants, ferait du moindre portier d'hôtel, responsable de ses fiches, son auxiliaire bénévole et public. Mais tout en se félicitant de voir la Justice tirer parti, contre les récidivistes, de la nouvelle méthode, il pressentait qu'une arme si perfectionnée, aux mains de l'Etat, ne resterait pas longtemps inoffensive pour les simples citoyens. C'était sa dignité qu'il croyait seulement défendre, et il défendait avec elle nos sécurités et nos vies. Depuis vingt ans, combien de millions d'hommes, en Russie, en Italie, en Allemagne, en Espagne, ont été ainsi, grâce aux empreintes digitales, mis dans l'impossibilité non pas seulement de nuire aux Tyrans, mais de s'en cacher ou de les fuir ? Et ce système ingénieux a encore détruit quelque chose de plus précieux que des millions de vies humaines. L'idée qu'un citoyen, qui n'a jamais eu affaire à la Justice de son pays, devrait rester parfaitement libre de dissimuler son identité à qui lui plaît, pour des motifs dont il est seul juge, ou simplement pour son plaisir, que toute indiscrétion d'un policier sur ce chapitre ne saurait être tolérée sans les raisons les plus graves, cette idée ne vient plus à l'esprit de personne. Le jour n'est pas loin peut-être où il nous semblera aussi naturel de laisser notre clef dans la serrure, afin que la police puisse entrer chez nous nuit et jour, que d'ouvrir notre portefeuille à toute réquisition. Et lorsque l'Etat jugera plus pratique, afin d'épargner le temps de ses innombrables contrôleurs, de nous imposer une marque extérieure, pourquoi hésiterions-nous à nous laisser marquer au fer, à la joue ou à la fesse, comme le bétail ? L'épuration des Mal-Pensants, si chère aux régimes totalitaires, en serait grandement facilitée.

III

Une civilisation ne s'écroule pas comme un édifice ; on dirait beaucoup plus exactement qu'elle se vide peu à peu de sa substance, jusqu'à ce qu'il n'en reste plus que l'écorce. On pourrait dire plus exactement encore qu'une civilisation disparaît avec l'espèce d'homme, le type d'humanité, sorti d'elle. L'homme de notre civilisation, de la civilisation française — qui fut l'expression la plus vive et la plus nuancée, la plus hellénique, de la civilisation européenne, a disparu pratiquement de la scène de l'Histoire le jour où fut décrétée la conscription. Du moins n'a-t-il plus fait depuis que se survivre.

Cette déclaration surprendra beaucoup d'imbéciles. Mais je n'écris pas pour les imbéciles. L'idée de la conscription obligatoire paraît si bien inspirée de l'esprit napoléonien qu'on l'attribue volontiers à l'Empereur. Elle a pourtant été votée par la Convention, mais l'idée des hommes de la Convention sur le droit absolu de l'Etat était déjà celle de Napoléon, comme elle était aussi celle de Richelieu, ou de Charles-Quint, de Henri VIII ou du Pape Jules II. Pour cette raison très simple que Robespierre et Richelieu, Charles-Quint ou Henri VIII appartenaient tous ensemble à cette tradition romaine si puissante chez nous, particulièrement depuis la Renaissance.

L'institution du service militaire obligatoire, idée totalitaire s'il en fut jamais, au point qu'on en pourrait déduire le système tout entier comme des axiomes d'Euclide la géométrie, a marqué un recul immense de la

III

civilisation. Supposons, par exemple, que la Monarchie ait osé jadis, par impossible, décréter la mobilisation générale des Français, elle aurait dû briser d'un seul coup toutes les libertés individuelles, familiales, provinciales, professionnelles, religieuses, porter ce coup terrible à la Patrie, car la Patrie, c'était précisément ces libertés. Je sais bien que formulé ainsi mon raisonnement semble paradoxal ; on jugerait aujourd'hui très difficile d'opposer la Patrie à l'Etat. Cette opposition eût paru pourtant naturelle à nos pères. Ils auraient même probablement très bien compris qu'un auteur tragique portât le conflit sur la scène. « En face du grave péril qui me menace, aurait dit, par exemple, le personnage tenant le rôle de l'Etat, mon salut — ce salut qui est la Loi suprême, *suprema Lex* — exige la suppression immédiate de toutes les libertés civiques pour tous les citoyens, de dix-huit à cinquante ans, qui devront obéir aveuglément aux chefs nommés par moi. J'ajoute que ces millions de Français, pour un temps indéterminé, cesseront de jouir des garanties de la loi, et relèveront exclusivement des rigueurs du Code Militaire. N'importe lequel d'entre eux, fût-il le plus brillant élève de l'Université de Paris, un artiste de génie, ou un futur saint Vincent de Paul, s'il a eu le malheur d'effleurer des doigts le bout du nez d'un adjudant ivrogne qui venait de l'insulter, sera condamné à mort et fusillé. » — « Je doute fort, répondrait la Patrie, que mon salut exige une telle monstruosité, je ne reçois vos raisons qu'avec méfiance, je sais que toute occasion vous est bonne pour usurper, sur les personnes, les biens et les droits dont j'ai la charge. N'importe ! Si vous en êtes au point que vous dites, c'est que vous aurez négligé une fois de plus l'intérêt de mes fils pour ne vous préoccuper que des vôtres, c'est-à-dire de votre propre sécurité, car vous oubliez volontiers jusqu'à la dernière minute l'ennemi du dehors ; il vous a toujours paru moins redoutable que le mécontent du dedans, vous ne rêvez du matin au soir que police et complots... N'importe ! Je suis la liberté des Français, leur héritage, la Maison, le Refuge, le Foyer. Ils m'ont appelée d'un nom qui évoque d'abord à l'oreille le mot de paternité, mais ils ont fait ce mot féminin, parce qu'ils pensent naturellement à moi comme à leur mère, et c'est vrai qu'ils m'aiment comme les enfants aiment leur mère, lorsqu'ils brutalisent de leurs petites mains, de leur bouche avide et sifflante, le beau sein mûr qui les nourrit. Non ! il ne me déplaît pas du tout que leur amour soit violent et égoïste ! Certes, je crois que beaucoup d'entre eux donneraient leur vie pour ma défense, mais je ne l'exigerai pas, l'idée seule d'une telle exigence est cruelle et sacrilège, je vous défends d'exiger quoi que ce soit de pareil en mon nom, et d'ailleurs à quel autre titre l'exigeriez-vous ? Certainement pas au nom de l'autorité paternelle, car l'Etat est un régisseur, un administrateur, un intendant, et s'il pousse plus loin ses avantages, il peut devenir un Tyran ou même un dieu, jamais un père. Devenez un Tyran si vous voulez, moi je reste une Mère. Tout ce que je puis vous permettre, c'est de proclamer que je suis en danger, moi, leur Mère. Ira rejoindre alors mes Armées qui voudra, qui pourra, comme cela s'est fait depuis des siècles, car personne n'avait sérieusement pensé jusqu'ici à rafler, d'un seul coup, comme avec la main, tous les hommes, ceux des champs comme ceux des villes. Vous aurez beau me dire que mon scrupule est absurde, que votre salut sera le mien, votre perte la mienne. Et d'abord, ce n'est pas vrai. L'Histoire donne beaucoup d'exemples de Patries qui se

III

sont maintenues, même sous la puissance de l'Etranger, pour une nouvelle Renaissance. Vous m'objecterez que le risque est terrible à courir. Je suis d'accord avec vous ; c'est pourquoi j'espère que mes armées se grossiront d'un grand nombre de jeunes volontaires. Dieu veuille que mes fils sauvent ainsi librement ma liberté ! Comment saurais-je les contraindre sans me renier moi-même et porter irréparablement atteinte au caractère sacré dont ils m'ont revêtue ? Vous me dites que, en me sauvant, ils se sauvent eux-mêmes. Oui, pourvu qu'ils restent libres ! Non, s'ils souffrent que vous brisiez, par une mesure inouïe, le pacte national, car dès que vous aurez fait, par simple décret, des millions de Français soldats, il sera démontré que vous disposez souverainement des personnes et des biens de tous, qu'il n'y a pas de droit au-dessus du vôtre, et dès lors où s'arrêteront vos usurpations ? N'en arriverez-vous pas à prétendre décider du juste et de l'injuste, du Mal et du Bien ? S'il en était ainsi un jour, que serais-je ? Vous auriez fait de cette vieille Chrétienté une espèce de Tyrannie analogue à celle des Barbares d'Orient. Notre nation ainsi humiliée ne saurait plus être une Patrie. Oh ! sans doute, vous n'userez d'un moyen si extrême qu'en dernier ressort. Du moins vous le dites, et peut-être même vous le pensez. Mais l'Etat rival, tôt ou tard, fera la même chose que vous, et l'exception deviendra la règle, au consentement de tous, car je connais les hommes, moi qui suis une Patrie d'hommes. Ils trouvent la liberté belle, ils l'aiment, mais ils sont toujours prêts à lui préférer la servitude qu'ils méprisent, exactement comme ils trompent leur femme avec des gourgandines. Le vice de la servitude va aussi profond dans l'homme que celui de la luxure, et peut-être que les deux ne font qu'un. Peut-être sont-ils une expression différente et conjointe de ce principe de désespoir qui porte l'homme à se dégrader, à s'avilir, comme pour se venger de lui-même, se venger de son âme immortelle. La mesure que vous me proposez d'approuver ouvrira une brèche énorme au flanc de la Cité Chrétienne. Toutes les libertés, une à une, s'en iront par-là, car elles tiennent toutes les unes aux autres, elles sont liées les unes aux autres comme les grains du chapelet. Un jour viendra où il vous sera devenu impossible d'appeler le peuple à la guerre pour la défense de sa liberté contre l'envahisseur, car il n'aura plus de liberté, votre formule ne signifiera donc plus rien. L'envahisseur lui-même ne sera pas plus libre que l'envahi. Aujourd'hui les Etats se battent entre eux pour une province, une ville ; la guerre est le jeu des Princes comme la diplomatie celui des Ministres. C'est un mal, certes, un grand mal, mais d'une espèce, en somme, peu différente du jeu ou de la prostitution. Vous allez étendre ce mal à l'ensemble du corps social, ce sera comme si, non contents de tolérer le jeu ou la prostitution, vous faisiez du pays tout entier un colossal tripot ou un gigantesque lupanar. Alors, les Etats ne seront plus maîtres de la guerre, ils ne la décideront ni ne la contrôleront, les peuples se battront entre eux sans savoir précisément pourquoi ; ils le sauront de moins en moins, et ils se battront de plus en plus, avec plus de rage, à mesure que disparaîtront inutilement, sous les bombes, les richesses qu'ils convoitaient ; ils ne se battront plus pour devenir riches, mais pour ne pas crever de faim ; ils crèveront de faim tout de même, la commune misère engendrera des haines dont personne ne peut se faire une idée, dont personne ne peut imaginer les destructions, car la misère et la haine enflammeront les cerveaux,

III

provoqueront des découvertes fabuleuses, exécrables. La guerre ne reculera devant rien. Je dis même que, en réclamant pour vous le droit de sacrifier tous les mâles, vous avez rendu possible, à l'avenir, ou même inévitable, le sacrifice des femmes et des enfants. Lorsque tout le monde fera la guerre, on fera aussi la guerre par tous les moyens, car la logique personnelle du diable est plus inflexible que l'enfer. L'idée que les nécessités de la guerre justifient tout en inspire immédiatement une autre : la préparation à la guerre, étant la guerre elle-même, ne saurait bénéficier d'une moindre tolérance, la Morale se trouve ainsi exclue de la paix comme de la guerre. En ces temps-là, s'ils viennent jamais, le nom même de la Patrie sera effacé de la mémoire des hommes, car les Patries appartiennent à l'ordre de la Charité du Christ, la Sainte Charité du Christ est la Patrie des Patries ; et qui osera les reconnaître dans ces bêtes enragées se disputant comme des chiennes les dépouilles du monde ? »

L'égalité absolue des citoyens devant la Loi est une idée romaine. A l'égalité absolue des citoyens devant la Loi doit correspondre, tôt ou tard, l'autorité absolue et sans contrôle de l'Etat sur les citoyens. Car l'Etat est parfaitement capable d'imposer l'égalité absolue des citoyens devant la Loi, jusqu'à leur prendre tout ce qui leur appartient, tout ce qui permet de les distinguer les uns des autres, mais qui défendra la Loi contre les usurpations de l'Etat ? Ce rôle était jadis chez nous celui des Parlements. Il y avait treize Parlements dans le Royaume, et même dix-sept si l'on compte les quatre Conseils supérieurs — Paris, Toulouse, Grenoble, Bordeaux, Dijon, Rouen, Aix, Rennes, Pau, Metz, Besançon, Douai, Nancy, Roussillon, Artois,

Alsace et Corse. Le pouvoir de chacun de ces Parlements était égal à celui du Roi. Ils jugeaient en dernier ressort et recevaient l'appel de toutes les juridictions royales, municipales, seigneuriales, ecclésiastiques. Ils avaient le droit d'examen, d'amendement et de remontrance sur tous les actes publics. Les traités faits avec les puissances étrangères leur étaient soumis. « Telle est la loi du Royaume, écrit La Roche-Flavin, président au Parlement de Toulouse, que nul édit ou ordonnance royale n'est tenu pour édit ou ordonnance s'ils ne sont d'abord vérifiés aux Cours souveraines par délibération d'icelles. » En son édit de 1770, Louis XV s'exprime en ces termes : « Nos Parlements élèvent leur autorité au-dessus de la nôtre, puisqu'ils nous réduisent à la simple faculté de leur proposer nos volontés, se réservant d'en empêcher l'exécution. » Le gouvernement devait transmettre au Parlement les nominations faites par lui à la plupart des fonctions, et l'on vit plus d'une fois ces assemblées en refuser l'enregistrement, c'est-à-dire briser les promotions du roi. Pour plier cette magistrature indépendante, l'Etat ne disposait que d'un petit nombre de moyens si compliqués qu'il n'y avait recours que rarement, et même alors les magistrats pouvaient recourir à un procédé infaillible : ils négligeaient la loi enregistrée contre leur plaisir, n'en tenaient pas compte dans leurs arrêts, ou encore suspendaient l'administration de la Justice, ce qui risquait de jeter le royaume dans le chaos.

Si les Parlements disposaient d'un tel pouvoir de résistance à l'Etat, les magistrats qui les composaient et ne dépendaient de personne, puisqu'ils avaient la propriété de leur charge, pouvaient passer pour des privilégiés.

III

Chaque citoyen bénéficiait pourtant de ce privilège, non qu'il fût tenu de soutenir le Parlement contre le Roi, ou le Roi contre le Parlement, mais tout simplement parce que cette rivalité donnait aux institutions ce que les mécaniciens appellent « du jeu ». L'homme d'autrefois ne ressemblait pas à celui d'aujourd'hui. Il n'eût jamais fait partie de ce bétail que les démocraties ploutocratiques, marxistes ou racistes, nourrissent pour l'usine et le charnier. Il n'eût jamais appartenu aux troupeaux que nous voyons s'avancer tristement les uns contre les autres, en masses immenses derrière leurs machines, chacun avec ses consignes, son idéologie, ses slogans, décidés à tuer, résignés à mourir, et répétant jusqu'à la fin, avec la même résignation imbécile, la même conviction mécanique : « C'est pour mon bien... c'est pour mon bien... » Loin de penser comme nous, à faire de l'Etat son nourricier, son tuteur, son assureur, l'homme d'autrefois n'était pas loin de le considérer comme un adversaire contre lequel n'importe quel moyen de défense est bon, parce qu'il triche toujours. C'est pourquoi les privilèges ne froissaient nullement son sens de la justice ; il les considérait comme autant d'obstacles à la tyrannie, et, si humble que fût le sien, il le tenait — non sans raison d'ailleurs — pour solidaire des plus grands, des plus illustres. Je sais parfaitement que ce point de vue nous est devenu étranger, parce qu'on nous a perfidement dressés à confondre la justice et l'égalité. Ce préjugé est même poussé si loin que nous supporterions volontiers d'être esclaves, pourvu que personne ne puisse se vanter de l'être moins que nous. Les privilèges nous font peur, parce qu'il en est de plus ou moins précieux. Mais l'homme d'autrefois les eût volontiers comparés aux vêtements qui nous préservent du froid. Chaque privilège était une protection contre l'Etat. Un vêtement peut être plus ou moins élégant, plus ou moins chaud, mais il est encore préférable d'être vêtu de haillons que d'aller tout nu. Le citoyen moderne, lorsque ses privilèges auront été confisqués jusqu'au dernier, y compris le plus bas, le plus vulgaire, le moins utile de tous, celui de l'argent, ira tout nu devant ses maîtres.

IV

Notre Révolution de 89, ou plutôt ce que nous devrions continuer d'appeler le Grand Mouvement de 89, car c'est le nom que lui donnèrent les contemporains — et cette Révolution de 89 était bien, en effet, un mouvement — la Révolution n'est venue qu'après pour lui barrer la route, la Révolution réaliste et nationaliste qui, par-dessus l'idéalisme à la Rousseau de la Déclaration des Droits, renoue avec l'absolutisme d'Etat des légistes italiens ou espagnols, la tradition centralisatrice et unitaire, pour aboutir logiquement au régime napoléonien, aux premières grandes guerre économiques — le blocus continental — à l'égalité absolue, c'est-à-dire à l'impuissance absolue des citoyens devant la Loi — la loi de l'Etat — rendant ainsi possible l'avènement des systèmes totalitaires.

Pour comprendre quelque chose à ce grand Mouvement de 89, qui fut surtout un grand mouvement prématuré d'espérance, et comme une illumination prophétique, il faut aussi tâcher de comprendre l'homme de ce temps-là. L'homme du XVIIIe siècle a vécu dans un pays tout hérissé de libertés. Les étrangers ne s'y trompaient pas. L'Anglais Dallington définit la France de 1772 : une vaste démocratie. « Toute ville chez nous, disait amèrement, deux cents ans plus tôt, Richelieu, non moins centralisateur que Robespierre, est une capitale. Chaque communauté française, en effet, ressemble à une famille qui se gouverne elle-même, le moindre village élit ses syndics, ses collecteurs, son maître d'école, décide la construction des ponts, l'ouverture des chemins, plaide contre le Seigneur, contre le curé, contre un village voisin » — car nos paysans furent toujours terriblement procéduriers. A l'exemple des villages, les villes élisent leur maire, leurs échevins, entretiennent leurs milices, décident souverainement des questions municipales. En 1670, sous le règne de Louis XIV, le prince de Condé, gouverneur de Bourgogne, convoque en assemblée générale les habitants de Chalon-sur-Saône, et, prenant la parole, sollicite pour les Jésuites la permission de s'établir dans la ville. Après quoi, il se retire pour laisser à l'assemblée toute liberté de discussion. Sa requête est rejetée à une énorme majorité : les habitants de Chalon-sur-Saône n'aimaient pas les Jésuites.

Je répète que, en défendant l'homme du passé, c'est notre tradition révolutionnaire que je défends. Veut-on qu'il n'ait jamais été qu'un esclave dressé depuis des siècles à se coucher aux pieds de maîtres impitoyables et à leur lécher les mains ?

Faut-il que la fameuse page de La Bruyère, qui exprime surtout l'horreur et le dégoût d'un habitant raffiné des villes pour les grossiers campagnards, l'emporte éternellement sur tant de travaux et de recherches désintéressés d'admirables historiens ? Il y a une tradition française de la Révolution, une tradition humaniste de la Révolution Universelle, une Révolution de la Déclaration des Droits de l'Homme qui se distingue d'une manière absolue — idéologiquement et historiquement — de la tradition allemande. De ces deux traditions, ce n'est pas ici le lieu de dire quelle est la bonne, je prétends seulement qu'on ne les confonde pas ou que, faute de pouvoir les confondre, on ne diffame pas plus ou moins sournoisement la seconde en calomniant l'homme français jusqu'à faire de cette communion héroïque de toute une nation, en pleine force, en pleine gloire, une sorte d'insurrection sans caractère propre, une insurrection de serfs croupissant depuis des siècles dans l'ignorance, la saleté, la misère, et profitant de quelques circonstances favorables pour anéantir mille ans d'Histoire, comme un mendiant, la nuit, incendie la ferme où on lui a refusé l'aumône. Je répète que la Révolution de 89 a été la révolution de l'Homme, inspirée par une foi religieuse dans l'homme, au lieu que la Révolution allemande du type marxiste est la Révolution des masses, inspirée non par la foi dans l'homme, mais dans le déterminisme inflexible des lois économiques qui règlent son activité, elle-même orientée par son intérêt. Encore une fois, je n'oppose pas ici deux idéologies, je les distingue. Si la Révolution de 89 est devenue tout de suite une des plus belles légendes humaines, c'est parce qu'elle a commencé dans la foi, l'enthousiasme, qu'elle n'a pas été une explosion de colère, mais celle d'une immense espérance accumulée. Pourquoi dès lors essayer de nous faire croire qu'elle est sortie des enfers de la misère ? L'Allemand Wahl conclut ainsi son livre : « Les cinquante années qui précédèrent la Révolution furent une époque de formidables progrès ». Dans ses « Recherches sur la population de la France » Menance écrit, en 1788 : « Depuis quarante ans le prix du blé a diminué et les salaires augmentent. » De 1763 à 1789, les chiffres du commerce intérieur avaient doublé. De 1737 à 1787, cinquante mille kilomètres de routes avaient été construits. « On peut compter, disait Necker, que le

IV

produit de tous les droits de consommation augmente de deux millions par an. » La France compte des savants comme : Lavoisier, Guyton, Morveau, Berthollet, Monge, Laplace, Lagrange, Daubenton, Lamarck, Jussieu ; le bateau à vapeur de Jouffroy d'Abans navigue sur le Doubs, Philippe Lebon découvre le gaz d'éclairage, les frères Montgolfier l'aérostat. Turgot fait décréter le libre commerce des grains, en 1774. En 1777, la liberté des cultes est proclamée. En 1776, on crée le Mont-de-Piété, pour le prêt sur gage, au taux le plus modéré, trois pour cent. Un peu plus tard, le Roi réorganise entièrement le service des postes, et décide que le secret des lettres sera respecté, même par les officiers de justice — réforme que la Convention Nationale ne put et n'osa pas maintenir... Encore une fois, le Français du XVIIIe siècle n'est pas un chien qui brise sa chaîne, un mouton devenu enragé, mais un homme fier du travail de ses aïeux, conscient de la grandeur de son histoire, et qui se croit au seuil d'une civilisation nouvelle, sortie de son esprit et de ses mains, faite à son image, un Âge d'Or. N'est-ce pas en ce moment que l'Académie de Berlin choisit comme sujet de concours : « Raisons de la Supériorité de la Langue Française » ? A Berlin comme ailleurs, cette supériorité de notre langue — et aussi celle de nos arts, de nos mœurs — n'était plus discutée ; on en discutait seulement les raisons. Oh ! sans doute, quelque lecteur pensera ici que le paysan français se souciait peu alors du choix de l'Académie de Berlin, choix que d'ailleurs il ignorait. Mais il n'ignorait pas la place que la France occupait en Europe, et que cette place était la première. Du moins savait-il vaguement qu'il appartenait au peuple le plus civilisé du monde ; et ce peuple méritait, en effet, plus qu'aucun autre, le nom de civilisé, car la conscience de sa supériorité ne lui inspirait rien qui ressemblât au hideux nationalisme moderne, il était vraiment sans haine, il rêvait vraiment à la liberté et au bonheur du genre humain ; Jean-Jacques était réellement son prophète. On objectera que le peuple ne savait pas lire. Mais d'abord, le nombre des illettrés était beaucoup moins grand qu'on ne le pense généralement — sur cinq cents communes, vingt-deux seulement n'avaient pas de maître d'école. C'était même le bas clergé qui en ce temps-là se montrait le plus ardent propagandiste de l'instruction obligatoire ; la bourgeoisie — particulièrement la bourgeoisie intellectuelle — jugeait cette réforme dangereuse : « Une seule plume suffit pour cent habitants », disait Voltaire. N'importe ! Quiconque a quelque notion de l'Histoire sait parfaitement que le Sermon du Vicaire Savoyard eût été alors compris et acclamé dans la plus humble chaire de village. Les jeunes généraux de la République, Hoche, Marceau, Bonaparte lui-même, ne parlaient-ils pas à leurs soldats, chaque fois qu'ils en trouvaient l'occasion, le langage de Rousseau ?

Il serait bien hardi de proclamer Rousseau père de la Révolution de 89, car elle a été portée dix siècles dans les entrailles de la France, mais on pourrait dire qu'il en a été le parrain. Elle eût d'ailleurs mérité un parrainage plus illustre. Une prière du IXe siècle appelle la céleste lumière sur les fils des Francs « afin que, voyant ce qu'il importerait de faire pour établir le royaume de Dieu en ce monde, ils aient le courage d'accomplir avec une générosité et une charité que rien ne lasse... » Evidemment l'auteur oublié de ces paroles admirables donnait au mot de Royaume de Dieu un autre sens que celui d'un paradis terrestre à la Jean-Jacques, d'une Cité harmonieuse où l'homme réconcilié avec l'Être Suprême, avec lui-même, avec ses frères, avec les bêtes innocentes, les arbres, les sources, travaillerait à l'avancement de la Philosophie, des Sciences Naturelles et des Arts, pour une humanité régénérée. Mais enfin, une civilisation de ce type peut être une image affaiblie, affadie, presque méconnaissable du Royaume de Dieu ; elle ne s'oppose pas à lui comme la société capitaliste, par exemple. L'Eglise du XIIe siècle avait continué de protéger maternellement la Chrétienté, son œuvre. Si la corruption romaine du XIVe et du XVe, la terreur inspirée par Luther, le Réalisme impie de la Renaissance et tout l'or des Espagnes n'avaient incliné l'Eglise à la Politique, lié son sort, du moins en apparence, au Capitalisme dont les racines s'enfoncent si profondément dans le passé, la Révolution de 89 eût été faite beaucoup plus tôt, et elle aurait eu l'Eglise pour marraine... On ne comprend rien à notre Révolution si l'on refuse de tenir compte d'un fait historique d'une importance incalculable : depuis le XVe siècle, la Chrétienté française subsistait, je veux dire la Société chrétienne avec ses institutions, ses mœurs, sa conception traditionnelle de la vie, de la mort, de l'honneur et du bonheur, mais la Politique se paganisait de plus en plus... Au sommet de la Chrétienté, la Politique restaurait secrètement les divinités païennes, l'Etat, la Nation, la Propriété, le *jus utendi et abutendi* du Droit Romain... Ah ! oui, certes, la Révolution de 89 est venue trop tard ! Entre la société nouvelle en formation et la Politique dont je viens de parler, il existait — pour employer l'expression leibnizienne — une espèce « d'harmonie préétablie ». A l'Etat selon Machiavel, qui ne connaît d'autre loi que l'efficience, comment ne s'accorderait pas une société qui ne connaît d'autre mobile que le Profit ? La Révolution de 89 est venue trop tard ou trop tôt. Ce n'était pas contre les oppressions du passé que se levait un peuple qui d'ailleurs, par la volonté de ses mandataires, allait bientôt jeter au feu, dans la nuit du Quatre Août, les titres de ses privilèges — son pressentiment sublime le dressait devant la menace des oppressions futures. Cette menace était-elle d'ailleurs si lointaine ? Qu'on y songe ! Je ne suis pas encore un vieillard et pourtant, lorsque je suis né, la Déclaration des Droits n'avait pas encore cent ans. Elle a aujourd'hui cent cinquante-six ans, deux vies humaines, pas davantage. Oh ! je sais bien que ce sont là des réflexions que le lecteur n'aime pas faire. Permettez-moi d'y insister cependant. Cent cinquante ans après la Déclaration des Droits, Hitler dominait l'Europe et des millions d'hommes — des millions d'hommes dans le monde, dans toutes les parties du monde — car les Démocraties, vous le savez, les démocraties elles-mêmes, comptaient beaucoup d'amis des fascismes — des millions et des millions d'hommes acclamaient une doctrine qui, non seulement reconnaît à la Collectivité tout pouvoir sur les corps et les âmes, mais encore fait de cette sujétion totale de l'individu — pour ne pas dire son absorption — la fin la plus noble de l'espèce. Car il n'est pas vrai que des millions et des millions d'hommes se soient contentés d'abandonner volontairement leur liberté, ainsi qu'on se dépouille d'un privilège légitime. Ils ne reconnaissaient pas la légitimité de ce privilège, ils ne se reconnaissaient pas le droit à la liberté. Bien plus ! Par un renversement inouï des valeurs, ils mettaient leur orgueil à la mépriser. Ils faisaient leur — ils jetaient comme un défi à la civilisation dont ils étaient

IV

pourtant issus — le mot atroce, le mot sanglant de Lénine : « La liberté ? Pour quoi faire ?... » Pour quoi faire ? C'est-à-dire à quoi bon ? A quoi sert d'être libre ? Et, en effet, cela ne sert pas à grand'chose, ni la liberté ni l'honneur ne sauraient justifier les immenses sacrifices faits en leur nom, qu'importe ! On convainc aisément les naïfs que nous sommes attachés à la liberté par l'espèce d'orgueil qu'exprime le *non serviam* de l'Ange, et de pauvres prêtres vont répétant cette niaiserie qui plaît à leur sottise. Or, précisément, un fils de nos vieilles races laborieuses et fidèles sait que la dignité de l'homme est de servir. « Il n'y a pas de privilège, il n'y a que des services », telle était l'une des maximes fondamentales de notre ancien Droit. Mais un homme libre seul est capable de servir, le service est par sa nature même un acte volontaire, l'hommage qu'un homme libre fait de sa liberté à qui lui plaît, à ce qu'il juge au-dessus de lui, à ce qu'il aime. Car, si les prêtres dont je viens de parler n'étaient pas des imposteurs ou des imbéciles, ils sauraient que le *non serviam* n'est pas un refus de servir, mais d'aimer.

V

Cent cinquante ans après la Déclaration des Droits, les Dictateurs ont failli se partager le monde, mais ce n'est pas assez dire. Ils se vantaient d'y établir un nouveau type de civilisation, et nous voyons maintenant que cette promesse n'était pas vaine, nous jugeons mieux chaque jour l'étendue et la profondeur de la crise intellectuelle et morale que la victoire ne saurait résoudre, qu'elle aggravera peut-être. Car l'idée de liberté, déjà si dangereusement affaiblie dans les consciences, ne résisterait probablement pas à la déception d'une paix manquée, au scandaleux spectacle de l'impuissance des Démocraties. C'est déjà trop que la guerre de la liberté ait été faite selon les méthodes totalitaires ; le désastre irréparable serait que la paix de demain fût faite, non seulement selon les méthodes, mais selon les principes de la dictature.

Cent cinquante ans après cette explosion d'espérance... oh ! sans doute, plus d'un lecteur pensera que j'insiste trop là-dessus ; mais c'est que ma chronologie ébranle peut-être à la longue, par une agaçante répétition, la sécurité intérieure où il trouve ordinairement son repos, comme les poissons dans l'eau profonde. Car il supporte bien que les idées en troublent parfois la surface, mais, dès qu'une image un peu pressante risque de pénétrer plus avant, il éprouve de l'angoisse. Et par exemple, il lui déplaît de penser que le Totalitarisme n'a pas été plus inventé par M. Hitler ou par M. Mussolini que le Protestantisme par Luther, que les dictateurs, comme

V

Luther lui-même, ont mérité de donner leur nom à une crise déjà ancienne parce que, si la malfaisance en était répandue dans tout l'organisme, ce sont eux qui l'ont fixée, au sens que les médecins donnent à ce mot lorsqu'ils parlent d'un abcès de fixation qui localise l'infection, collecte le pus. Des millions et des millions d'hommes ne croyaient plus à la liberté, c'est-à-dire qu'ils ne l'aimaient plus, ils ne la sentaient plus nécessaire, ils y avaient seulement leurs habitudes, et il leur suffisait d'en parler le langage. Depuis longtemps, l'Etat se fortifiait de tout ce qu'ils abandonnaient de plein gré. Ils n'avaient que le mot de révolution à la bouche, mais ce mot de révolution, par une comique chinoiserie du vocabulaire, signifiait la Révolution Socialiste, c'est-à-dire le triomphal et définitif avènement de l'Etat, la Raison d'Etat couronnant aussi l'édifice économique, la Raison d'Etat faisant face au Monopole d'Etat, comme en une de ces allégories pyrotechniques qui précédaient jadis le « bouquet » des feux d'artifices. Ils n'avaient que le mot de Révolution dans leur gueule pourrie, mais ce n'était pas la leur, qui se préparait — imbéciles ! — c'était celle de l'Etat qui allait faire sa propre Révolution à leurs dépens, aux dépens de ce qui leur restait de liberté. Ils le savaient bien, ils souhaitaient en finir le plus tôt possible avec leur conscience, ils souhaitaient, au fond d'eux-mêmes, que l'Etat les débarrassât de ce reste de liberté, car ils n'osaient pas s'avouer qu'ils en étaient arrivés à la haïr. Oh ! ce mot de haine doit paraître un peu gros, qu'importe ! Ils haïssaient la liberté comme un homme hait la femme dont il n'est plus digne, je veux dire qu'ils se cherchaient des raisons de la haïr. Ils haïssaient ce qui leur restait de liberté, précisément parce qu'il ne leur en restait pas assez pour être des hommes libres, mais assez pour en porter le nom, pour être parfois tenus d'agir comme tels. Vous pensez que j'exagère ? C'est donc que vous n'avez pas connu les hommes de 1920, c'est donc que vous ne les avez jamais regardés. Rien qu'à les voir, on comprenait parfaitement ce qu'ils étaient, les fils d'une race dont le sang, depuis un siècle, s'était prodigieusement appauvri de ces substances mystérieuses, de ces hormones inconnues que les chimistes découvriront peut-être un jour dans les veines du dernier homme libre, avant que la médecine totalitaire l'ait rendu inoffensif par quelque futur ingénieux procédé de stérilisation... Je vous parle ici, comme on disait au temps du roman réaliste, d'une expérience vécue. En 1920, je venais de faire la guerre comme tout le monde, j'avais trente-deux ans, je savais écouter, je savais voir. Oh ! sans doute, je ne me faisais pas beaucoup plus d'illusion qu'aujourd'hui sur les prétendues Croisades de la Liberté, je ne pensais pas que « la porte du Paradis sur la terre s'appellerait Verdun », comme l'écrivait alors je ne sais quel rédacteur de l'*Echo de Paris*. Oui, j'étais loin de m'attendre, croyez-le, à une période de prospérité, d'abondance, et surtout de sécurité. Je me disais : « Cette guerre ne sera certainement pas la dernière des guerres, mais, avant bien des siècles, sûrement, on ne reverra plus une telle imposture. Les hommes qu'on essaie de duper par une paix d'avoués véreux et de gangsters qui ne serait, en somme, qu'une liquidation, entre complices, de la plus colossale faillite qu'on ait jamais vue, ne se laisseront évidemment pas faire, ils jetteront bas tout le système. Nous allons connaître des temps difficiles, mais l'humanité n'est tout de même pas au bout de ses ressources, elle se renouvellera une fois encore dans le

V

chaos ; c'est toujours par les plus grandes convulsions que s'annoncent les plus grandes restaurations de l'Histoire »... et patati et patata... Paris était à ce moment-là une sorte de foire universelle où la canaille internationale des Palaces et des Wagons-lits venait cuver son or à Montmartre, comme un ivrogne cuve son vin. La température ambiante était, même sous la pluie de février, celle d'un salon de bordel ; mais le franc, lui, tombait au-dessous de zéro et les éditeurs, rendus hystériques par leur propre réclame, à la manière d'un badaud qui voit son image reproduite à l'infini dans un jeu de glaces, découvraient un génie par jour. Qui n'a pas vécu en ce temps-là ne sait pas ce que c'est que le dégoût. Rien qu'en humant l'air des boulevards, vous auriez pu sentir l'odeur des charniers qui ne devaient pourtant s'ouvrir que dix-neuf ans plus tard. Il y a ainsi parfois, au plus profond de l'hiver, des jours où vient on ne sait d'où, le parfum des haies d'aubépines, encore nues pourtant sous la neige. J'allais et venais, tantôt heureux, tantôt malheureux, mais toujours avec, à la poitrine, le creux de l'angoisse. Oh ! cela non plus n'est pas une image littéraire ! Ceux qui m'ont connu alors savent que je ne mens pas. J'allais et venais, je regardais dans les rues, à la terrasse des cafés, au seuil des usines et des chantiers, ces hommes qui avaient été cinq ans mes égaux, mes camarades, ces visages durcis par la guerre, ces mains de soldat. On les avait démobilisés classe par classe comme on rangerait sur une étagère des grenades encore amorcées ; mais c'était visiblement des soins superflus. Ils n'avaient jamais été, ils ne seraient jamais dangereux que pour l'Ennemi, c'est-à-dire pour ce que le Règlement du Service en Campagne autorise à désigner sous ce nom. Ils avaient combattu en citoyens, ils s'étaient acquittés en masse de ce devoir civique, ils étaient allés là-bas comme aux urnes — beaucoup plus tranquillement, d'ailleurs, qu'ils allaient aux urnes, car ils sentaient bien que c'était une besogne sérieuse, et qu'elle durerait longtemps. Bien loin que la guerre ait fait d'eux des révoltés, elle n'a jamais seulement réussi à en faire des aventuriers. Ces hommes, qui semblaient avoir tant de fois joué leur vie pile ou face, étaient les moins joueurs des hommes. Car ils n'avaient jamais réellement joué leur vie pile ou face, ils l'avaient engagée tout entière dans une besogne — qui était d'ailleurs réellement un métier, un métier qu'ils avaient appris comme n'importe quel métier, où ils avaient d'abord été des apprentis — c'est-à-dire des « bleus » — puis des anciens — et ils ne boudaient pas à la besogne, ils finissaient toujours par en venir à bout, sans rien faire de trop, mais aussi sans rien bâcler, avec leur prodigieuse conscience ouvrière. Ils ne jouaient pas leur vie pile ou face, ils ne la risquaient pas, au sens exact du mot ; on la risquait pour eux, et ils trouvaient ça parfaitement légitime, ou du moins inévitable. Aussi longtemps que l'entreprise n'était pas achevée, ils eussent rougi de discuter là-dessus avec l'entrepreneur, mais ils se promettaient bien de vivre tranquilles dès qu'ils auraient quitté le chantier. Naturellement, cette peinture ne ressemble pas à celle des calendriers de la guerre... Oh ! si Van Gogh avait pu les peindre ! Ils étaient devenus des héros, et ils l'étaient devenus à leur insu, puisque leur héroïsme était précisément de s'oublier eux-mêmes. Ils ne voulaient pas se voir tels qu'ils étaient, ils se voyaient de moins en moins, à mesure qu'ils s'élevaient plus haut ; leur sainteté ne pouvait survivre à la guerre, elle était liée à leur guerre, elle était cette guerre même, je ne sais comment

V

exprimer cela, je ne suis pas sûr encore de comprendre, après tant d'années. Certes, lorsque, il y a un quart de siècle, je les observais d'un cœur amer, je ne leur rendais pas justice. Je m'irritais de les voir s'installer avec déférence dans un monde qui reniait ouvertement leur grandeur et leur misère, mais il n'en coûtait rien à leur humilité de renier eux-mêmes leur grandeur, et, quant à leur ancienne misère, ils en avaient honte, ils n'en parlaient à personne, ils craignaient d'avoir l'air de tendre la main. Quand je leur disais : « Pour supporter que la France tombe de la guerre dans le carnaval, il faut que nous soyons de rudes salauds ! », ils me regardaient de leur regard inflexible, de ce regard d'acier dont ils mesuraient la distance d'un trou d'obus à un autre trou d'obus, ou la trajectoire de la grenade, et ils me répondaient en rigolant : « T'en fais pas pour la France, mon gars ! » Ils aimaient la France, ils l'aimaient autant qu'aucune autre génération l'avait aimée, mais ils ne se sentaient aucun droit sur elle, et réellement ils n'en avaient aucun. Depuis cent cinquante ans, le mot de Patrie n'appartenait plus qu'au vocabulaire sentimental, les théoriciens du Droit Public lui avaient substitué celui de Nation, et ce mot lui-même ne se distinguait guère plus de celui d'Etat — ce que l'Etat prétendait obtenir du citoyen, il l'exigeait au nom de la Nation, la Nation était le pseudonyme de la Raison d'Etat. Pour l'homme de 89, la Patrie c'était sans doute, selon l'étymologie, la Terre des Pères, mais c'était plus naturellement, plus réellement, tout ce qu'il avait reçu, tout ce qu'il pouvait transmettre à sa famille, tout ce qui assurait cette transmission — c'était sa famille elle-même, immensément agrandie, mais toujours reconnaissable. Et s'il ne possédait en propre ni un arpent de terre, ni un écu, c'étaient les droits, les privilèges, dont le plus pauvre avait sa part, si nombreux, si divers, si bien enchevêtrés les uns dans les autres, que, à la lecture des anciens traités de Droit public ou privé, ils évoquent irrésistiblement l'image de ces profonds, de ces impénétrables halliers où les bêtes libres de la forêt peuvent défier le chasseur. Privilège de la personne, de la famille, du village, de la paroisse, du métier — que sais-je ? Au XVIIe siècle les ramoneurs et commissionnaires savoyards de Paris formaient une espèce de confédération qui avait ses lois, qui défendait jalousement non seulement ses intérêts, mais son honneur, qui faisait elle-même sa justice, car les commissionnaires qui transportent des lettres ou des marchandises, les ramoneurs dont le métier est d'entrer ou de sortir librement par la cheminée, doivent, naturellement, rester au-dessus de tout soupçon. Un d'entre eux, convaincu de vol, fut jugé par ses pairs et pendu. Pour de tels hommes, et pour tous ceux qui leur ressemblaient, si misérables qu'ils fussent, la Patrie était ceci ou cela, mais c'était encore l'honneur de leur modeste profession. Ainsi, la Patrie garantissait à chaque Français tout ce qui les distinguait les uns des autres, les enrichissait ou les honorait, et elle ne demandait rien, du moins en apparence, car les impôts n'étaient pas prélevés en son nom, et il ne serait d'autre part venu à l'esprit de personne qu'elle pût exiger indistinctement de chaque Français mâle le sacrifice du sang. La noblesse militaire était bien soumise à cette exigence mais elle jouissait, en revanche, de privilèges particuliers — donnant donnant, son héroïsme était d'ailleurs moins fait de patriotisme que d'honneur. Oh ! sans doute, un Français d'autrefois tenait parfaitement qu'il est beau de donner à la Patrie ce

V

témoignage que l'Eglise demande parfois à ses fils ; mais dans l'un ou l'autre cas, le martyre lui paraissait d'autant plus sublime qu'il était un acte exceptionnel et volontaire. Si au temps de Jeanne Hachette toutes les femmes avaient dû, comme elles y seront sans doute contraintes demain, accomplir leur service militaire, comment le nom de cette héroïne serait-il venu jusqu'à nous ? Lorsque l'Etat totalitaire exigera de n'importe qui, sous peine de mort, des risques dont l'acceptation volontaire eût jadis suffi à perpétuer le nom d'un homme, qui distinguera les braves des lâches ?

A un Français de 1914, au contraire, le mot de Patrie évoquait instantanément la strophe fameuse : « Mourir pour la Patrie, c'est le sort le plus beau, le plus digne d'envie !... » Je le dis sans aucune exagération, pour un homme de cette époque, cependant si platement bourgeoise, la Patrie était d'abord et avant tout, non pas ce qui rend la vie plus facile et plus noble, mais cet Absolu pour quoi l'on meurt. A qui lui eût demandé, par exemple, quel est le symbole de la Patrie, un petit garçon de 1900 n'eût pas hésité une seconde à répondre : le Drapeau. Et, prononçant ce mot de drapeau, croyez bien qu'il n'eût pas pensé aux joyeux drapeaux des Quatorze Juillet, flambant sur l'azur, mais à un haillon déchiré, trempé du sang des braves. Rien ne pouvait symboliser la Patrie à ses yeux que ce symbole purement militaire. On l'aurait fait sourire en lui proposant une cathédrale, une route, un fleuve tranquille ou une vieille maison paternelle, avec son champ et son verger. Plus l'idée de Patrie prenait ce caractère implacable, si contraire à notre tradition, à notre tempérament, à notre génie, plus elle devenait étrangère à la majorité des Français, particulièrement à ceux de la classe ouvrière, qui n'étaient pas loin d'y voir, non sans raison, un fanatisme religieux et comme une sorte de cléricalisme tricolore.

Pour juger l'homme de 1914, le combattant des Eparges et de Verdun, il faut absolument tenir compte de cette conception de la Patrie, qu'on peut dire héritée de la Convention, car la Convention fut la première à oser la formuler, et que les Français n'ont jamais comprise qu'à travers leurs souvenirs de collège, car elle appartient à l'Histoire Romaine et non pas à l'Histoire de France. Mais l'immense majorité des ouvriers et des paysans mobilisés en 1914 n'avaient aucun souvenir de l'Histoire Romaine, pour la raison qu'ils ne l'avaient jamais apprise. Ils se rappelaient les définitions du Manuel d'instruction civique, ou du moins, ils en avaient retenu l'essentiel, qui pourrait se résumer ainsi : « Le citoyen doit tout à sa Patrie, jusqu'à la dernière goutte de son sang, mais la Patrie ne lui doit rien. » Ils ne prenaient évidemment pas ces définitions au pied de la lettre, car, en ce cas, ils eussent été déjà mûrs pour n'importe quelle sorte de fascisme. La Patrie n'en était pas moins devenue pour eux cet Impératif auquel, pour le repos de l'esprit et du corps, il est préférable de penser le plus rarement possible. Y pensaient-ils beaucoup le jour de la mobilisation ? Je ne le crois pas. Non, je le ne crois pas. En prenant le train à la gare de l'Est, dans leurs wagons fleuris, voulez-vous que j'essaie de vous dire à quoi ils pensaient ? Eh bien, ils pensaient à Guillaume, au Kronprinz, aux hobereaux poméraniens à monocle, au militarisme prussien. Au militarisme prussien surtout, car ils reportaient sur lui, sur

V

les hobereaux à monocle, leurs vieilles rancunes contre l'adjudant. Ils croyaient aussi à la paix universelle, parce qu'ils étaient de braves gens, de vieux civilisés, auxquels la guerre faisait honte... Si vous leur parliez de la France, ils prenaient tout de suite l'air têtu et sournois du mauvais élève qui écoute le Sermon de l'aumônier. Et quand vous leur aviez joué cet air du répertoire, ils rigolaient de vous, derrière votre dos, sans malice, à moins qu'ils ne vous soupçonnassent de vous payer leur tête... Cela vous gêne de m'entendre parler si franchement ? N'importe ! Ils faisaient bien mieux que de penser à la France, ce qui, d'ailleurs, était devenu, grâce aux controverses des gens de droite et des gens de gauche, un travail difficile, à la portée seulement des instituteurs ou des curés. Ils faisaient mieux que de penser à la France, ils vivaient ces grandes heures comme leurs ancêtres les auraient vécues, avec simplicité, avec bonhomie, avec une tendresse humaine aussi, car ils partaient sans haine. Voyons, encore un coup, soyez francs ! Ils ne pouvaient penser à la France de l'Ancien Régime, à une France ténébreuse, qu'on leur avait peinte comme un bagne. Ils eussent plutôt rougi d'elle, rougi de leurs pères qui y avaient été, paraît-il, rossés tant de siècles, et leurs femmes engrossées à la bonne franquette par le seigneur. Non seulement on avait diffamé cette France à leurs yeux, mais on avait pris grand soin de ne rien leur laisser d'elle qui fût réellement à leur portée — pas un costume, pas un patois, pas une chanson. Quand ces braves gens regardaient une cathédrale, ils n'osaient pas l'admirer, ils calculaient la hauteur des tours en se représentant les malheureux serfs grimpant jusque-là, sous le fouet des contremaîtres. Et il ne leur semblait pas trop exaltant non plus de penser à l'autre France — celle de la Révolution, bien entendu, mais aussi celle de Napoléon le Grand, de Napoléon le Petit, de Louis-Philippe, de l'oppression capitaliste, des grèves sanglantes, et des bas salaires. En sorte qu'ils préféraient qu'on les laissât tranquilles au sujet de la Patrie, qu'on ne leur fît pas de phrases sur cette Patrie à propos de laquelle ils auraient pu dire ce qu'ils disaient si souvent à propos du Bon Dieu : « Nous ne croyons qu'à ce que nous voyons. » Oui, oui, je sais ce que vous allez me répondre, vous allez me répondre que cette France était sous leurs yeux, qu'ils n'avaient qu'à la regarder par la portière du wagon qui les emportait vers leur destin. Je vous répondrai d'abord que ce wagon n'avait pas de portières, c'était un wagon à bestiaux, avec un peu de paille dedans. N'importe ! Si je vous entends bien, vous auriez voulu que s'étant fait, par la faute de leurs maîtres, une idée trop abstraite de la France, ils la reconnussent, ils prissent conscience d'elle à la vue de ces paysages. Mais rien n'est plus difficile que de prendre conscience d'un pays, de son ciel et de ses horizons, il y faut énormément de littérature ! Ces champs, ces prés, ces vignes ne leur représentaient pas la France parce qu'ils ne pouvaient y faire revivre, comme nous, un passé qu'ils ne connaissaient pas. Les vieux paysages nous parlent à travers la vieille histoire. Pour eux, pour ces braves types qui regardaient à travers l'étroite fenêtre grillagée de leur wagon sans vitres, il n'y avait devant eux que de bonnes ou de mauvaises terres, des terres à blé ou des terres à vigne, qui seraient toujours de bonnes ou de mauvaises terres, quel qu'en fût le maître, allemand ou français. Pour qu'elles leur représentassent la France, il fallut des mois et des mois d'une patience et d'un héroïsme jamais égalés. Mais, quand ils eurent sauvé cette France-

V

là, de la seule manière dont ils fussent capables, quand ils l'eurent reprise à l'ennemi, et furent rentrés tranquillement chez eux, comment aurait-on pu les persuader de la sauver de nouveau ? Ils n'avaient plus rien à reprendre, du moins plus rien à reprendre qu'ils pussent voir de leurs yeux, toucher de leurs mains. Les pieds enracinés dans l'argile gluante, le dos gelé par la pluie, la paume de la main brûlée par le canon du fusil, l'épaule meurtrie par la crosse, avec en face d'eux un coin de bois quelconque, couronné d'une vapeur bleue, et qui crache du feu par tous ses trous d'ombre, ils n'eussent, pour rien au monde, boudé à la besogne. Mais, six semaines après l'armistice, ils ne comprenaient pas que la France pût encore avoir besoin d'eux. Ils ne prenaient déjà pas la paix au sérieux ; je crois qu'ils ne l'ont jamais respectée. Ils étaient aussi dégoûtés que moi du carnaval de l'après-guerre, ils regardaient avec le même dégoût les gorilles d'affaires américains liquidant les stocks, les ogresses internationales escortées de leurs gigolos, mais ils n'éprouvaient nullement le besoin de délivrer la France de cette ordure, ils n'en avaient nullement envie, voilà le malheur. Leur dégoût pour ces millions de jeunes cyniques, avides de jouir, et qui mettaient le pays à l'encan, était plutôt jovial, sans colère et sans haine ; on aurait même cru volontiers qu'il ne leur déplaisait pas de voir l'Arrière, ce fameux « Arrière » dont le Bulletin des Armées leur avait si souvent vanté « le Moral » — l'Arrière tiendra ! — donner ainsi la mesure de sa profonde et secrète dégradation. Car un gouffre s'était creusé peu à peu, au cours de ces quatre années, entre l'Arrière et l'Avant, un gouffre que le temps ne devait pas combler, ou ne devait combler qu'en apparence. Oh ! c'est là une remarque que je serai peut-être le seul à faire ; personne ne m'en disputera le mérite, elle est trop simple, qu'importe ! Aux jours de Munich, qui rappelaient si cruellement les jours maudits de 1920 par une égale ignominie dans l'égoïsme et l'évasion — l'esprit de l'Avant et celui de l'Arrière demeuraient aussi inconciliables qu'autrefois, bien que la Politique eût depuis longtemps perverti le premier. Cette opposition des deux Esprits, qui aurait pu être vingt ans plus tôt un principe de salut, n'a servi qu'à rendre impossible toute véritable union des Français devant l'ennemi. L'Arrière et l'Avant, méconnaissables sous le nom de Gauche ou de Droite, de Front Populaire ou de Front National, ne se sont réconciliés qu'en deux occasions, pour une égale abdication de l'honneur, pour un égal reniement de l'ancienne Victoire, à Munich et à Rethondes.

J'ai été injuste envers l'homme de 1920 ; on ne saurait être déçu sans être injuste. La déception m'a d'ailleurs jeté dans la littérature, je suis entré dans « le Soleil de Satan » — je m'excuse d'une telle comparaison — un peu comme l'abbé de Rancé résolut de se faire trappiste devant le visage de sa maîtresse tout grouillant de vers, et ses nobles cheveux blonds collés au front par l'écume de la pourriture. Puis-je ici faire remarquer à ceux de mes lecteurs qui me font l'honneur de leur amitié, que j'ai déjà écrit cela en 1926, l'année même de la publication de mon premier livre ? Ce n'est pas une idée venue sur le tard, pour les besoins de la cause, comme à tant d'autres écrivains désireux de faciliter la tâche de leurs biographes futurs. J'ai été injuste envers mes anciens camarades, je les imaginais capables de reconstruire, de restaurer, alors que

V

la guerre ne leur avait appris qu'à détruire, et non pas à détruire au hasard, selon l'inspiration du moment, la révolte de la conscience, le cri des entrailles, mais posément, méthodiquement, patiemment, sans colère et selon le plan tracé. Si on leur avait demandé de se jeter au milieu de ce carnaval avec des grenades dans leurs poches, ils auraient peut-être fait tout sauter, c'est entendu, mais ils n'étaient rien moins qu'anarchistes, et, en se retrouvant côte à côte, coude à coude, ils auraient repris rapidement les vieilles habitudes, ils auraient été de nouveau une armée, avec ses chefs, sa discipline, son argot, sa camaraderie inflexible, capable de tout le bien comme de tout le mal, ils auraient donné à cette Armée un nom de Parti ou plutôt on le lui eût donné pour eux, et l'Europe aurait compté un fascisme de plus. Car, voilà précisément ce que nous n'avions pas compris : les guerres d'autrefois, les guerres politiques, les guerres de soldats, formaient des héros ou des bandits, la plupart héros et bandits tout ensemble. Mais la guerre moderne, la guerre totale, travaille pour l'Etat totalitaire, elle lui fournit son matériel humain. Elle forme une nouvelle espèce d'hommes, assouplis et brisés par l'épreuve, résignés à ne pas comprendre, à ne pas « chercher à comprendre », selon leur mot fameux, raisonneurs et sceptiques en apparence, mais terriblement mal à l'aise dans les libertés de la vie civile qu'ils ont désapprises une fois pour toutes, qu'ils ne réapprendront plus jamais, ou du moins qui ne leur seront plus jamais familières — respectueux de la vie civile, du confort de la vie civile, comme s'ils n'y avaient pas droit, comme s'ils avaient une fausse permission dans leur poche. Oh ! plus d'un lecteur, s'il est jeune surtout, s'émerveillera de cette espèce de timidité. Il s'imagine volontiers qu'un citoyen mobilisé sorti vivant de la guerre devrait être plutôt enclin à présumer de lui-même, de son adresse, de son courage, de ses forces. Il en était certainement ainsi jadis, au temps de l'ancienne guerre, de la guerre des hommes. Mais la guerre totalitaire ne saurait vraiment exalter l'orgueil de personne. Qui sort sain et sauf de cette prodigieuse machinerie n'en saurait rendre grâces qu'à Dieu. « Sortir vivant de la guerre » n'a pas beaucoup plus de sens que « sortir vivant d'une épidémie de choléra ». A cette différence près que les grandes épidémies ont généralement coïncidé avec un non moins grand relâchement des mœurs, les hommes se consolant de leurs terreurs comme ils pouvaient, au lieu que la guerre totale resserre toutes les disciplines, impose à l'homme, non seulement le sacrifice de sa vie, mais des dernières joies qui lui restent à vivre, l'exerce à passer stoïquement ses derniers jours dans la privation de tous les plaisirs, lui interdit jusqu'à ces grossières revanches, ces détentes bestiales qui étaient jadis le pillage des villes forcées... Car la guerre totale est cruelle et puritaine comme elle est anonyme, elle forme, par des méthodes qui ne sont pas loin d'être comme une transposition sacrilège et ironique des *Exercices* de saint Ignace, une sorte d'hommes — *perinde ac cadaver* — capables de toutes les formes de la soumission et de la violence, passant indifféremment des unes aux autres, une espèce d'hommes où le Totalitarisme puise au hasard des milliers de badauds en uniforme pour son cérémonial religieux, des bêtes intelligentes et féroces pour sa police, et des bourreaux pour ses camps de concentration. Je ne dis pas que la Société moderne n'eût pas réussi à former dans la paix, grâce à ses admirables méthodes de déformation des

V

consciences, un homme totalitaire ; il n'en est pas moins vrai qu'elle en a prodigieusement hâté la maturité dans la guerre. Et d'ailleurs il est sans doute vain de distinguer la Société moderne de la Guerre Totale : la Guerre Totale est la Société Moderne elle-même, à son plus haut degré d'efficience.

VI

Si l'on compare l'homme de 1939 à celui de 1914, et ces deux hommes à leur commun ancêtre de 1789, il semble que notre matière humaine nationale — pour employer le mot à la mode — se soit grandement appauvrie. Mais si c'était le monde, la vie, qui fût plus misérable encore ? Si la matière humaine française était restée trop riche, trop vivante pour un monde égalitaire, où l'uniformité tient lieu d'ordre ?...

En 1789, notre prestige spirituel était immense, on ne lui aurait trouvé rien de comparable depuis Athènes et Rome. L'étranger qui nous est resté fidèle nous aime exactement pour les mêmes raisons qu'il nous eût aimés cent cinquante ans plus tôt. La France de 1789 est encore présente partout — oui, partout présente, jusque dans les dernières villes brésiliennes, perdues dans la forêt naine et tordue, grouillante d'insectes ou de reptiles, le désert végétal que la saison sèche recouvre d'une espèce de toison grise et fauve qui a la même odeur que la bête... Je parle de ce que je sais. La France qu'on aime, c'est la France de Rousseau, la même France qui faisait l'orgueil de cette société dont Watteau est le peintre — à la fois si naturelle et si raffinée, si violente et si facile, d'esprit si lucide, de nerfs si fermes et pourtant si aisée à émouvoir de pitié ou de colère, à « toucher aux entrailles » — comme on disait en ce temps-là — aux entrailles seulement, car le cœur était alors presque aussi lucide que l'esprit. La France qu'on aime, c'est toujours celle que nous dépeint dans ses

VI

Mémoires le jeune Ségur, la France des idées nouvelles, de ces idées qui ont tant servi aux hommes depuis deux siècles, tant passé et repassé de main en main et qu'on imagine toujours aussi brillantes, aussi pures, diamants, rubis, saphirs, à la couleur du drapeau. La France qu'on aime, c'est toujours la France révolutionnaire de La Fayette et de Rochambeau, qui est très exactement l'opposée de la France de 1920. La France de la guerre d'Amérique, toujours si profondément enracinée dans le peuple, tenant au peuple par toutes ses racines, mais dont les plus hautes branches ployaient et craquaient dans le vent. Un peuple beaucoup plus proche du peuple chrétien du XIIIe siècle par la solidité, la simplicité, la dignité de ses mœurs que ne le sera de lui, quelques années seulement plus tard, par exemple, le peuple de la Monarchie de Juillet. Car, en ce temps-là, c'était le peuple qui « conservait », notamment le peuple paysan, dont on ne saurait exclure le petit seigneur rural souvent plus pauvre que son fermier — tandis que les élites impatientes brûlaient de se jeter vers l'avenir par n'importe quelle brèche, dans une de ces charges folles et sublimes qui furent toujours, précisément, la méthode préférée de combat des élites françaises. Car ce sont bien les jeunesses aristocratiques et bourgeoises qui s'enivrent des idées nouvelles comme d'un vin nouveau, non seulement à Paris, mais au fond des lointaines provinces, ce sont elles qui sourient de tout, non par vaine insolence mais pour s'encourager à tout remettre en question, à tout risquer, à tout oser. On dirait qu'elles veulent tout revoir d'un regard sans parti pris, d'un regard neuf et d'une conscience aussi neuve que le regard, d'une conscience nette et droite, comme une grande route royale lavée et nivelée par l'averse. Je crois qu'il est presque impossible aujourd'hui de se faire idée de la prodigieuse disponibilité de ces esprits que rien ne surprend. Lorsque j'écris disponibilité, je ne prétends nullement faire allusion à M. Gide. M. Gide n'est pas un homme de l'ancienne France. La disponibilité de M. Gide est celle d'un homme formé par le moralisme le plus étroit, et qui finit par se trouver vis-à-vis de lui dans la situation paradoxale d'un athée qui injurie Dieu, prouvant par là qu'il n'a pas cessé d'y croire. Le moins qu'on puisse dire est qu'on voit sur M. Gide la marque douloureuse des chaînes qu'il a portées. Les gens dont je viens d'écrire avaient été élevés, sans doute, dans une société fortement hiérarchisée, mais dont le principal et l'unique Code était le Savoir-Vivre, c'est-à-dire beaucoup moins un Code qu'un Art, l'art de rendre à chacun ce qui lui est dû, et même un peu plus, avec toute la bonne grâce possible. Le Savoir-Vivre, disait la Marquise de Créquy, c'est donner de l'esprit aux sots. L'extraordinaire sociabilité des hommes de ce siècle, pourtant si peu dévot, si libertin, semble comme un dernier reflet de l'antique fraternité des Chrétiens. Leur indulgence est merveilleuse. Piron, soupçonné d'être l'auteur de son obscène Ode à Priape, est convoqué par le Magistrat — je crois que c'était l'imposant président d'Aligre. « Jeune homme, dit-il, vous avez beaucoup de talent, mais vous êtes allé un peu loin, cet enfantillage pourrait nuire à votre carrière. Laissez-moi dire que la pièce est de ma façon... »

En 1789, les élites sont à leur place, c'est-à-dire à l'avant-garde. Cent cinquante ans plus tard, les élites seront à l'arrière, à la traîne, et elles trouveront la chose parfaitement naturelle ; c'est au peuple qu'elles prétendront laisser le risque, la recherche. Des classes dirigeantes qui refusent de bouger d'un pouce, que pourrait-on imaginer de plus absurde ? Comment diriger sans guides ? Les classes dirigeantes refusent de bouger, mais le monde bouge sans elles.

La France qu'on aime, c'est toujours la France de 1789, la France des idées nouvelles. Auprès de cette France-là, comme celle du XIXe siècle paraît triste ! Oh ! je ne veux nullement diffamer ce siècle, comme l'a fait jadis Léon Daudet dans un livre malheureusement destiné à réjouir une espèce particulière d'imbéciles que d'ailleurs il méprisait, je dis seulement que, avec toutes ses inventions et ses grands hommes, la France du XIXe siècle est triste. La France du XIXe a l'air de porter le deuil de sa révolution manquée. Elle a commencé par habiller les Français de noir. Jamais, en aucun temps de notre histoire, les Français n'ont été si funèbrement emplumés ; le coq gaulois s'est changé en corbeau. Le vêtement est triste et laid, l'architecture est laide et triste. L'homme du XIXe a bâti des maisons qui lui ressemblent, et il a logé le Bon Dieu aussi mal que lui. Les églises du XIXe sont tristes et laides. Mon Dieu, je sais bien, il y a la peinture, la poésie, la musique ; le génie de la France n'a pas subi d'éclipse. C'est précisément ce qui fait la valeur et l'intérêt des signes que je viens de noter. Lorsqu'un homme est accablé par la tristesse, les gens du peuple disent dans leur langage qu'il « se néglige ». Le souci des choses familières qui tiennent de plus près à la vie quotidienne est un souci d'homme heureux.

On dira que cette altération du goût, cette triple décadence de l'architecture, du mobilier, du vêtement a été générale en Europe au cours du dernier siècle. Mais quoi de plus naturel puisque, en tout ce qui concerne le vêtement, la mode, l'architecture, c'était la France qui donnait le ton ? La France du XIXe porte le deuil de sa Révolution manquée, l'Europe l'imite par habitude. Oh ! sans doute, ma manière d'écrire l'histoire vous surprend ou vous irrite ! Il vous plairait plutôt de m'entendre dire que la France était triste avant 1789 et n'a pas dès lors cessé de rire et de danser, mais j'aime mieux être d'accord avec les faits qu'avec vous. C'est la France que je m'efforce de comprendre, et non pas vous. Réfléchissez un peu cependant. Vous ne refusez jamais de vous attendrir sur Waterloo. La Révolution manquée de 1789 est un désastre qui devrait frapper beaucoup plus cruellement vos imaginations, ou, pour mieux dire, le désastre de Waterloo n'est qu'un épisode, parmi beaucoup d'autres, du désastre national de la Révolution manquée. L'Empire s'est comme englouti dans Waterloo, s'y est perdu corps et biens, mais l'Empire n'avait pas quinze ans. Au lieu que dans ce court espace de temps qui va des fêtes de la Fédération au 9 Thermidor, en passant par la mort des Girondins, on pourrait écrire que les expériences et les espérances de plusieurs siècles coulèrent à pic, il est vrai pavillon haut et tirant par tous les sabords. Car on peut penser ce qu'on veut de Robespierre, il est parfaitement permis de croire que la terrible répression de l'Incorruptible fut, en partie, justifiée. La Révolution était certainement déjà pourrie, bien avant que le 9 Thermidor fît gicler partout cette pourriture. Aucune époque de l'Histoire de France n'a été aussi pourrie que le Directoire. Mais, quoi qu'on pense de Robespierre, il est malheureusement certain que les braves gens qui dansèrent trois nuits de suite sur la place

VI

de la Fédération et vidèrent tant de bouteilles en l'honneur du Paradis de la Fraternité dont ils croyaient franchir le seuil, étaient, pour employer l'expression alors à la mode, « bougrement » loin de prévoir qu'un peu plus tard ils se retrouveraient ruinés par la Banqueroute, décimés par la guerre civile, leurs familles dispersées par la conscription, en attendant le Blocus Continental et l'Empire... Vingt-cinq ans de guerre, que voulez-vous, c'est long, quand on a cru à l'avènement de la Raison et à la Paix Universelle ! Il est certainement difficile de croire que la France ne serait devenue la plus riche, la plus peuplée, la plus cultivée, la plus renommée, la plus enviée de toutes les nations que dans le but d'aboutir finalement à un système social et économique absolument contraire à la Déclaration des Droits de l'Homme, et qui n'a cessé de favoriser les impérialismes — ces impérialismes dont sa mission historique était de protéger l'Europe — au point qu'elle a perdu, en un siècle, sa fortune et sa puissance — jusqu'à sa puissance militaire — sa puissance et son prestige militaires, événement incroyable, imprévisible ! Je ne cesserai de le répéter sous autant de formes qu'il sera utile dans l'espoir d'ébranler quelques consciences : les hommes de 89 croyaient sincèrement la France parvenue à un si haut degré de culture qu'il ne dépendait plus que de sa volonté, de son génie, d'affranchir le genre humain, non seulement des tyrannies, mais — en un délai plus ou moins court — des disciplines sociales elles-mêmes, le citoyen n'agissant plus que selon la Raison, sans aucune nécessité de contrainte. On peut sourire aujourd'hui de ces illusions, mais elles sont évidemment celles d'un peuple débordant de confiance en lui-même. J'ajoute qu'elles ne semblent pas avoir paru ridicules ou très présomptueuses aux contemporains. En Allemagne, en Autriche, en Russie, les esprits éclairés ne sont pas loin de croire en effet à cet Âge d'Or. Du moins jugent-ils le peuple français plus capable qu'aucun autre de démontrer dans un avenir prochain qu'une nation réellement civilisée peut se passer de tribunaux et de gendarmes. Voilà précisément pourquoi on ne saurait comparer la Révolution française à la Révolution russe de 1917, par exemple. Le peuple russe de 1917 était un peuple opprimé depuis des siècles et à peine sorti du servage. Je ne prétends pas que la masse eût conscience de sa condition misérable par rapport aux autres peuples d'Europe, mais on ne saurait dire qu'après trois ans de guerre, trahie par les généraux, vendue par les ministres, elle fût capable d'un autre sentiment que le désespoir, ce désespoir que le génie de Lénine, le dévouement et la volonté de quelques milliers de véritables marxistes — d'ailleurs presque tous juifs, c'est-à-dire très différents des moujiks tels que nous les a peints Gorki, dans ses inoubliables souvenirs d'enfance — ont exploité au profit d'une politique révolutionnaire réaliste, lucide, inflexible. Notre Révolution de 89 a commencé dans la poussière et les chansons d'un joyeux été — le plus ensoleillé qu'on ait vu depuis cinquante ans, écrira plus tard Varangeville, avec le litre de vin pour deux sols. La Révolution russe a pris naissance dans la boue d'une déroute totale. Il est possible, et même probablement exact, que les fils des moujiks qui, en 1917, jetaient leurs équipements, par milliers, par centaines de milliers, sur les routes sans fin, soient maintenant persuadés, comme les hommes de 89, qu'ils vont délivrer le genre humain. Une telle conviction ne leur en a pas moins été imposée peu à peu par la propagande. Elle a été la conséquence —

VI

et la conséquence lointaine — de leur révolution, au lieu qu'une foi analogue fut jadis la cause de la nôtre. Il est malheureusement certain que la plupart des lecteurs ne tireront aujourd'hui pas grand profit de ces distinctions nécessaires.

On se moque des gens simples qui parlent volontiers des nations comme de personnes, mais ce sont les gens simples qui ont raison. Les gens simples simplifient, quoi de mieux ? Ils ne simplifient pas évidemment de la même manière que le génie, mais qu'importe ? Oh ! sans doute, la vie d'un peuple n'est pas moins pleine de contradictions que celle du premier venu, et les curieux gaspillent beaucoup de temps et d'ingéniosité à en faire le compte, ou même à en découvrir d'imaginaires. Les curieux sont toujours dupes de leur curiosité. Ils expliquent tout et ne comprennent rien. Ces beaux esprits n'aiment pas s'entendre dire que la France a été déçue, ils trouvent l'image sommaire, grossière, ils voudraient plus de nuances. Tant pis ! Supposez qu'on eût posé à un homme cultivé du XIIIe, du XVe ou du XVIIe la question suivante : « Quelle idée vous faites-vous de la société future ? » il aurait pensé aussitôt à une civilisation pacifique, à la fois très près de la nature et prodigieusement raffinée. C'est du moins à une civilisation de ce type que la France s'est préparée tout au long de sa longue histoire. Des millions d'esprits dans le monde s'y préparaient avec elle. On comprend très bien maintenant leur erreur. L'invasion de la Machinerie a pris cette société de surprise, elle s'est comme effondrée brusquement sous son poids, d'une manière surprenante. C'est qu'elle n'avait jamais prévu l'invasion de la Machine ; l'invasion de la machine était pour elle un phénomène entièrement nouveau. Le monde n'avait guère connu jusqu'alors que des instruments, des outils, plus ou moins perfectionnés sans doute, mais qui étaient comme le prolongement des membres. La première vraie machine, le premier robot, fut cette machine à tisser le coton qui commença de fonctionner en Angleterre aux environs de 1760. Les ouvriers anglais la démolirent, et quelques années plus tard les tisserands de Lyon firent subir le même sort à d'autres semblables machines. Lorsque nous étions jeunes, nos pions s'efforçaient de nous faire rire de ces naïfs ennemis du progrès. Je ne suis pas loin de croire, pour ma part, qu'ils obéissaient à l'instinct divinatoire des femmes et des enfants. Oh ! sans doute, je sais que plus d'un lecteur accueillera en souriant un tel aveu. Que voulez-vous ? C'est très embêtant de réfléchir sur certains problèmes qu'on a pris l'habitude de croire résolus. On trouverait préférable de me classer tout de suite parmi les maniaques qui protestaient jadis, au nom du pittoresque, contre la disparition du fameux ruisseau boueux de la rue du Bac... Or, je ne suis nullement « passéiste », je déteste toutes les espèces de bigoteries superstitieuses qui trahissent l'Esprit pour la Lettre. Il est vrai que j'aime profondément le passé, mais parce qu'il me permet de mieux comprendre le présent — de mieux le comprendre, c'est-à-dire de mieux l'aimer, de l'aimer plus utilement, de l'aimer en dépit de ses contradictions et de ses bêtises qui, vues à travers l'Histoire, ont presque toujours une signification émouvante, qui désarment la colère ou le mépris, nous animent d'une compassion fraternelle. Bref, j'aime le passé précisément pour ne pas être un « passéiste ». Je défie qu'on trouve dans mes livres aucune de ces

VI

écœurantes mièvreries sentimentales dont sont prodigues les dévots du « Bon Vieux Temps ». Cette expression de Bon Vieux Temps est d'ailleurs une expression anglaise, elle répond parfaitement à une certaine niaiserie de ces insulaires qui s'attendrissent sur n'importe quelle relique, comme une poule couve indifféremment un œuf de poule, de dinde, de cane ou de casoar, à seule fin d'apaiser une certaine démangeaison qu'elle ressent dans le fondement. Je n'ai jamais pensé que la question de la Machinerie fût un simple épisode de la querelle des Anciens et des Modernes. Entre le Français du XVIIe et un Athénien de l'époque de Périclès, ou un Romain du temps d'Auguste, il y a mille traits communs, au lieu que la Machinerie nous prépare un type d'homme... Mais à quoi bon vous dire quel type d'homme elle prépare. Imbéciles ! n'êtes-vous pas les fils ou les petit-fils d'autres imbéciles qui, au temps de ma jeunesse, face à ce colossal Bazar que fut la prétendue Exposition Universelle de 1900, s'attendrissaient sur la noble émulation des concurrences commerciales, sur les luttes pacifiques de l'Industrie ?... A quoi bon, puisque l'expérience de 1914 ne vous a pas suffi ? Celle de 1940 ne vous servira d'ailleurs pas davantage. Oh ! ce n'est pas pour vous, non ce n'est pas pour vous que je parle ! Trente, soixante, cent millions de morts ne vous détourneraient pas de votre idée fixe : « Aller plus vite, par n'importe quel moyen. » Aller vite ? Mais aller où ? Comme cela vous importe peu, imbéciles ! Dans le moment même où vous lisez ces deux mots : Aller vite, j'ai beau vous traiter d'imbéciles, vous ne me suivez plus. Déjà votre regard vacille, prend l'expression vague et têtue de l'enfant vicieux pressé de retourner à sa rêverie solitaire... « Le café au lait à Paris, l'apéritif à Chandernagor et le dîner à San

Francisco », vous vous rendez compte !... Oh ! dans la prochaine inévitable guerre, les tanks lance-flammes pourront cracher leur jet à deux mille mètres au lieu de cinquante, le visage de vos fils pourra bouillir instantanément et leurs yeux sauter hors de l'orbite, chiens que vous êtes ! La paix venue vous recommencerez à vous féliciter du progrès mécanique. « Paris-Marseille en un quart d'heure, c'est formidable ! » Car vos fils et vos filles peuvent crever : le grand problème à résoudre sera toujours de transporter vos viandes à la vitesse de l'éclair. Que fuyez-vous donc ainsi, imbéciles ? Hélas ! c'est vous que vous fuyez, vous-mêmes — chacun de vous se fuit soi-même, comme s'il espérait courir assez vite pour sortir enfin de sa gaine de peau... On ne comprend absolument rien à la civilisation moderne si l'on n'admet pas d'abord qu'elle est une conspiration universelle contre toute espèce de vie intérieure. Hélas ! la liberté n'est pourtant qu'en vous, imbéciles !

Lorsque j'écris que les destructeurs de la machine à tisser ont probablement obéi à un instinct divinatoire, je veux dire qu'ils auraient sans doute agi de la même manière s'ils avaient pu se faire alors, par miracle, une idée nette de l'avenir. L'objection qui vient aux lèvres du premier venu, dès qu'on met en cause la Machinerie, c'est que son avènement marque un stade de l'évolution naturelle de l'Humanité ! Mon Dieu, oui, je l'avoue, cette explication est très simple, très rassurante. Mais la Machinerie est-elle une étape ou le symptôme d'une crise, d'une rupture d'équilibre, d'une défaillance des hautes facultés désintéressées de l'homme, au bénéfice de ses appétits ? Voilà une question que personne n'aime encore à se poser. Je ne parle pas de l'invention des Machines, je parle de leur multiplication prodigieuse, à quoi rien ne semble devoir mettre fin, car la Machinerie ne crée pas seulement les machines, elle a aussi les moyens de créer artificiellement de nouveaux besoins qui assureront la vente de nouvelles machines. Chacune de ces machines, d'une manière ou d'une autre, ajoute à la puissance matérielle de l'homme, c'est-à-dire à sa capacité dans le bien comme dans le mal. Devenant chaque jour plus fort, plus redoutable, il serait nécessaire qu'il devînt chaque jour meilleur. Or, si effronté qu'il soit, aucun apologiste de la Machinerie n'oserait prétendre que la Machinerie moralise. La seule Machine qui n'intéresse pas la Machine, c'est la Machine à dégoûter l'homme des Machines, c'est-à-dire d'une vie tout entière orientée par la notion de rendement, d'efficience et finalement de profit.

Arrêtons-nous sur ce mot de profit, il nous donnera peut-être la clef de l'énigme. Si les ouvriers de Manchester avaient été doués du don de seconde vue, on imagine très bien le dialogue entre ces hommes libres et le propriétaire de la Machine : « Quoi ! misérables, vous venez de briser une machine qui m'a coûté très cher, sous le vain prétexte qu'elle vous condamne au chômage, c'est-à-dire à la misère, et par la misère à la mort. Hélas ! la loi du Progrès est celle de la Nature. Il est évidemment regrettable que vous perdiez la vie, ou du moins toutes les raisons qui font préférer la vie à la mort, mais que voulez-vous ? Je ne suis que l'instrument irresponsable d'un sacrifice nécessaire, autant dire, n'est-ce pas, l'instrument de la Providence. Vous ne voudriez tout de même pas que je remplisse ce rôle pour rien ? Si élevés qu'ils soient, mes bénéfices seront toujours légitimes. Quant à vous, consentez à disparaître. Cet assemblage un peu bizarre de fer et de bois qui achève de brûler dans un coin de la cour fait votre métier mieux que vous-mêmes. Résignez-vous ! Il est honteux de ne penser qu'à son ventre. Tâchez plutôt de vous représenter l'avenir. Nous sommes en 1745. J'admets que la révolution économique, aux débuts de laquelle nous assistons ensemble, provoquera d'abord quelque désordre. J'admets la nécessité d'une période d'adaptation. Celle-ci durera dix ans, vingt ans, cinquante ans peut-être. Nous sommes en 1792, époque bénie ! Depuis cinquante longues années, les fortes têtes d'Europe, au lieu de se livrer comme jadis à des travaux de luxe où l'essentiel est sacrifié au superflu, c'est-à-dire l'Utile au Vrai, au Juste, au Beau — sur lesquels, d'ailleurs, personne n'est d'accord — auront consacré tout leur génie à des inventions pratiques et pacifiques... La Paix ! Songez, mes amis, que la guerre est aujourd'hui déjà le fait d'un petit nombre de soldats de métier (c'est-à-dire d'aventuriers ou de paresseux peu capables d'une autre profession honnête), et d'un bien plus petit nombre encore de nobles élevés dans le préjugé de l'honneur. Vous pouvez bien penser que le premier soin d'une société vouée au commerce et à l'industrie sera de détourner les citoyens de ce métier. Quel plus grand ennemi du commerce et de l'industrie que la guerre ? En 1792, il sera vraisemblablement très difficile d'obtenir la permission d'être soldat. Dès lors qu'il n'est d'autre valeur au monde que le travail et la richesse, quand Mars a été détrôné par Mercure, qui accepterait de voir enlever un paysan à sa charrue, un ouvrier à son établi ? La guerre a été inventée par les nobles, et doit disparaître avec eux. Je dois avouer cependant que certains astrologues de mes

VI

amis prédisent, pour la fin de ce siècle, quelques conflits ou plutôt, je suppose, quelques rencontres de bandes armées, sans doute facilement maîtrisées par la police. Cinquante ans plus tard, à ce que prétendent ces astrologues — c'est-à-dire vers 1870 — on observera les mêmes troubles qui se reproduiront vers 1914 et même vers 1940. Dix-neuf cent quarante ! Nul doute que cette guerre — si toutefois elle mérite ce nom — remplira d'horreur une humanité composée, dans sa presque totalité, d'hommes pacifiques et laborieux. Elle ne nous en paraîtrait pas moins sans doute, aujourd'hui, un jeu d'enfants, une de ces disputes fraternelles qui se terminent par des coups dont l'amitié fraternelle retient la violence. Ceux qui connaîtront une telle guerre atténuée, humanisée, pourront à peine imaginer, par exemple, des batailles comme celle de Fontenoy, à peine digne des loups et des ours. Voyons, mes amis, est-ce acheter trop cher, par quelques années de chômage ou de bas salaires, la réhabilitation, la rédemption de notre espèce ? Car cette rédemption est certaine. Il n'est sans doute pas interdit aux esprits malveillants de prévoir l'invention de quelques mécaniques capables de nuire aux hommes. Mais, le simple bon sens nous l'annonce, elles ne seront jamais qu'un petit nombre. L'Humanité peut souffrir des crises violentes, perdre un instant le contrôle de ses hautes facultés, mais l'invention et la construction des machines exigent beaucoup de temps, de réflexion, de labeur. Elle exige aussi beaucoup d'or. Est-il permis de croire, sans être fou, que l'Humanité laborieuse mette un jour en commun ses travaux et ses capitaux dans l'intention de se détruire ? Est-il permis de croire que les Savants et les

Riches — l'élite des Nations — s'associeront dans cette œuvre perverse ? »

Nous ignorerons toujours si de telles paroles eussent été comprises des ouvriers révoltés. Du moins auraient-elles probablement convaincu le commissaire de police et les gendarmes. N'importe ! Après avoir ainsi fait parler l'industriel — sans grands égards pour la vraisemblance, je l'avoue — qu'on me permette de pousser plus loin encore la fantaisie en supposant qu'un pauvre diable de tisserand ait reçu tout à coup le don d'éloquence et de prophétie, comme l'ânesse du prophète Balaam. — « Des clous, aurait dit cet Anglais dans sa langue. Vous venez de raisonner comme si vos machines allaient être conçues dans le même esprit où furent jadis inventés les outils. Nos ancêtres se sont servis d'une pierre tenue au creux de la main en guise de marteau, jusqu'au jour où, de perfectionnement en perfectionnement, l'un d'entre eux imagina de fixer la pierre au bout d'un bâton. Il est certain que cet homme de génie, dont le nom n'est malheureusement pas venu jusqu'à nous, inventa le marteau pour s'en servir lui-même, et non pour en vendre le brevet à quelque Société Anonyme. Ne prenez pas ce distinguo à la légère. Car vos futures mécaniques fabriqueront ceci ou cela, mais elles seront d'abord et avant tout, elles seront naturellement, essentiellement, des mécaniques à faire de l'or. Bien avant d'être au service de l'Humanité, elles serviront les vendeurs et les revendeurs d'or, c'est-à-dire les spéculateurs, elles seront des instruments de spéculation. Or, il est beaucoup moins avantageux de spéculer sur les besoins de l'homme que sur ses vices, et, parmi ces vices, la cupidité n'est-elle pas le plus impitoyable ?

VI

L'argent tient plus étroitement à nous que notre propre chair. Combien donnent volontiers leur fils au Prince, et tirent honneur du trépas de leur enfant, qui refuseraient à l'Etat leur fortune tout entière, ou même une part de leur fortune. Je prédis que la multiplication des machines développera d'une manière presque inimaginable l'esprit de cupidité. De quoi cet esprit ne sera-t-il pas capable ? Pour nous parler d'une République pacifique composée de commerçants, il faut vraiment que vous vous croyiez le droit de vous payer nos têtes ! Si les boutiquiers d'aujourd'hui sont plus experts à manier l'aune que l'épée, c'est qu'ils n'ont point d'intérêt dans les guerres. Que leur importe une province de plus ou de moins dans le Royaume ? Lorsqu'ils trouveront devant eux des concurrents, vous les verrez contempler d'un œil sec les plus effroyables carnages ; l'odeur des charniers ne les empêchera pas de dormir. Bref, le jour où la superproduction menacera d'étouffer la spéculation sous le poids sans cesse accru des marchandises invendables, vos machines à fabriquer deviendront des machines à tuer, voilà ce qu'il est très facile de prévoir. Vous me direz peut-être qu'un certain nombre d'expériences malheureuses finira par convaincre les spéculateurs, au point de les rendre philanthropes. Hélas ! il est pourtant d'expérience universelle qu'aucune perte n'a jamais guéri un vrai joueur de son vice ; le joueur vit plus de ses déceptions que de ses gains. Ne répondez pas que les gros spéculateurs seront tôt ou tard mis à la raison par la foule des petites gens. L'esprit de spéculation gagnera toutes les classes. Ce n'est pas la spéculation qui va mettre ce monde à bas, mais la corruption qu'elle engendre. Pour nous guérir de nos vices, ou du moins pour nous aider à les combattre, la crainte de

Dieu est moins puissante que celle du jugement de notre prochain, et, dans la société qui va naître, la cupidité ne fera rougir personne. Lorsque l'argent est honoré, le spéculateur l'est aussi. Il aura donc beaucoup plus à craindre l'envie que le mépris ; n'espérons donc pas le réveil des consciences. Quant à la révolte des intérêts, on a tout lieu de prévoir qu'elle ne pourra éclater qu'après un grand nombre de crises et de guerres si effroyables qu'elles auront usé à l'avance les énergies, endurci les cœurs, détruit chez la plupart des hommes les sentiments et les traditions de la liberté. Les spéculateurs seront alors si nombreux, si puissants, que les peuples désespérés ne sauront plus qu'opposer un seul Tyran à cent mille. Disposant des mécaniques, le Tyran, aussi longtemps que durera sa puissance, paraîtra moins un homme qu'un demi-dieu. Mais il faudra que, tôt ou tard, l'or le corrompe à son tour. Car, dans les circonstances les plus favorables, un homme ne saurait être plus qu'un demi-dieu. Mais l'or, lui, sera Dieu. »

Evidemment, aucun Européen du XVIIIe n'aurait tenu ce langage, et c'est précisément ce qui me serre le cœur en écrivant ces lignes, aujourd'hui sans intérêt. Ceux qui voient dans la civilisation des Machines une étape normale de l'Humanité en marche vers son inéluctable destin devraient tout de même réfléchir au caractère suspect d'une civilisation qui semble bien n'avoir été sérieusement prévue ni désirée, qui s'est développée avec une rapidité si effrayante qu'elle fait moins penser à la croissance d'un être vivant qu'à l'évolution d'un cancer. Pour le répéter une fois de plus, l'hypothèse est-elle définitivement à rejeter d'une crise profonde, d'une

VI

déviation, d'une perversion de l'énergie humaine ? Oh ! mon Dieu, les faits les plus simples nous échappent toujours, passent au travers de notre attention comme au travers d'un crible ; ils n'éveillent rien en nous. Si j'écris que, en un très petit nombre d'années, en une ridicule fraction de temps, le rythme de la vie s'est accéléré d'une manière prodigieuse, on me répondra que ce n'est là qu'un lieu commun, que le fait n'échappe à personne. Il n'en a pas moins échappé à ceux qui en furent les premiers témoins. La société où ils étaient entrés le jour de leur naissance a passé presque sans transition de la vitesse d'une paisible diligence à celle d'un rapide, et lorsqu'ils ont regardé par la portière, il était trop tard : on ne saute pas d'un train lancé à 120 km/h sur une ligne droite.

Le rythme de la vie s'est accéléré d'une manière prodigieuse. Pour la plupart des lecteurs, cela signifie simplement que le premier venu peut voyager rapidement. Il s'agit de bien autre chose. L'avion-éclair n'est qu'un symbole. Voilà par exemple un Français né vers 1770. Le mot de fortune évoque à son esprit un certain nombre d'idées traditionnelles. Des étendues de terre fertile, peu à peu rassemblées par le travail des générations successives, des héritages et des alliances. N'est-ce pas ainsi que les Rois de trois dynasties ont rassemblé la France ? Oh ! j'attends ici votre objection, il me semble que je la lis dans vos yeux. Vous croyez que je prétends vous imposer, en passant, une image attendrissante et bucolique de l'ancien Régime. Nullement. J'accorde, avant d'aller plus loin, que ces fortunes avaient, elles aussi, leur part d'injustice, ou même de crimes. Mais ces injustices et ces crimes étaient des injustices particulières commises contre tel ou tel. Leurs plus lointains bénéficiaires pouvaient en ressentir du remords ou de la honte et d'une manière ou d'une autre être au moins tentés de la réparer. Ce n'étaient pas des injustices et des crimes indéterminés, anonymes, auxquels s'associent secrètement, honteusement, des milliers d'obligataires ou d'actionnaires... Mais laissons cela, revenons à notre compatriote de 1770. Je voulais dire que ce Français a dû passer presque sans transition du monde où la richesse se constituait lentement, selon des règles immémoriales, à un autre monde.

C'est là un fait unique dans l'Histoire. Les civilisations qui ont précédé celle des Machines ont certainement été elles aussi, à bien des égards, la conséquence d'un certain nombre de transformations morales, sociales ou politiques ; mais d'abord ces transformations s'opéraient très lentement, et comme à l'intérieur d'un certain cadre immuable. L'homme pouvait bénéficier ainsi des expériences ultérieures, même s'il en avait pratiquement oublié les leçons. A chaque nouvelle crise, il retrouvait les réflexes de défense ou d'adaptation qui avaient, en des cas presque semblables, servi à ses aïeux. Lorsque la civilisation nouvelle était à point, l'homme destiné à y vivre était à point lui aussi, on pourrait presque dire qu'il s'était formé avant elle. Au lieu que la Civilisation des Machines a pris l'homme au dépourvu. Elle s'est servie d'un matériel humain qui n'était pas fait pour elle. La tragédie de l'Europe au XIXe siècle et d'abord, sans doute, la tragédie de la France, c'est précisément l'inadaptation de l'homme et du rythme de la vie qui ne se mesure plus au battement de son propre cœur, mais à la rotation

VI

vertigineuse des turbines, et qui d'ailleurs s'accélère sans cesse. L'homme du XIXe ne s'est pas adapté à la civilisation des Machines et l'homme du XXe pas davantage. Que m'importe le ricanement des imbéciles ? J'irai plus loin, je dirai que cette adaptation me paraît de moins en moins possible. Car les machines ne s'arrêtent pas de tourner, elles tournent de plus en plus vite et l'homme moderne, même au prix de grimaces et de contorsions effroyables, ne réussit plus à garder l'équilibre. Pour moi, j'estime que l'expérience est faite. — « Quoi ? en un temps si court ? Deux siècles ? » — Oh ! pardon. Lorsqu'au début de quelque traitement un malade présente de fortes réactions qui vont diminuant peu à peu de gravité, il est permis de garder l'espoir d'une accoutumance plus ou moins tardive. Mais si les symptômes, loin de s'atténuer, se font de plus en plus inquiétants, au point de menacer la vie du patient, est-ce que vous trouverez convenable de poursuivre l'expérience, imbéciles ! Vous me répondrez qu'il ne faut pas perdre patience, que tout le mal vient de ce que les machines se sont perfectionnées trop vite pour que l'homme ait eu le temps de devenir meilleur et qu'il s'agit maintenant de combler ce retard. Une machine fait indifféremment le bien ou le mal. A une machine plus parfaite — c'est-à-dire de plus d'efficience — devrait correspondre une humanité plus raisonnable, plus humaine. La civilisation des Machines a-t-elle amélioré l'homme ? Ont-elles rendu l'homme plus humain ? Je pourrais me dispenser de répondre, mais il me semble cependant plus convenable de préciser ma pensée. Les machines n'ont, jusqu'ici du moins, probablement rien changé à la méchanceté foncière des hommes, mais elles ont exercé cette méchanceté, elles leur en ont révélé la puissance et que l'exercice de cette puissance n'avait, pour ainsi dire, pas de bornes. Car les limites qu'on a pu lui donner au cours des siècles sont principalement imaginaires, elles sont moins dans la conscience que dans l'imagination de l'homme. C'est le dégoût qui nous préserve souvent d'aller au-delà d'une certaine cruauté — la lassitude, le dégoût, la honte, le fléchissement du système nerveux — et il nous arrive plus souvent que nous le pensons de donner à ce dégoût le nom de la pitié. L'entraînement permet de surmonter ce dégoût. Méfions-nous d'une pitié que Dieu n'a pas bénie, et qui n'est qu'un mouvement des entrailles. Les nerfs de l'homme ont leurs contradictions, leurs faiblesses, mais la logique du mal est stricte comme l'Enfer ; le diable est le plus grand des Logiciens — ou peut-être, qui sait ? — la Logique même. Lorsque nous lisions, en 1920, par exemple, l'histoire de la guerre de 1870, nous nous étonnions de l'indignation soulevée alors dans le monde entier par l'inoffensif bombardement de Paris ou de Strasbourg, l'enlèvement des pendules et le fusillement de quelques francs-tireurs. Mais, en 1945, nous pourrions aussi bien sourire des articles enflammés parus trente ans plus tôt sur le bombardement de Reims ou la mort d'Edith Cavell. En 1950... à quoi bon ? Vous resterez bouche bée, imbéciles, devant des destructions encore inconcevables à l'instant où j'écris ces lignes, et vous direz exactement ce que vous dites aujourd'hui, vous lirez dans les journaux les mêmes slogans mis définitivement au point pour les gens de votre sorte, car la dernière catastrophe a comme cristallisé l'imbécile ; l'imbécile n'évoluera plus désormais, voilà ce que je pense ; nous sommes désormais en possession d'une certaine espèce d'imbécile capable de

VI

résister à toutes les catastrophes jusqu'à ce que cette malheureuse planète soit volatilisée, elle aussi, par quelque feu mystérieux dont le futur inventeur est probablement un enfant au maillot. N'importe ! Parce que l'homme de 1870 dénonçait à la conscience universelle le vol des pendules, nous n'avons nullement le droit de conclure qu'il n'était pas capable de lâcher sur les villes endormies des fleurs de 10.000 kilos. Il ne croyait pas une pareille saloperie possible, voilà tout. Et si l'idée lui en était venue par hasard, il n'y aurait pas arrêté son esprit. « Ce sont — eût-il dit — des choses qui ne se font pas. » Au cours de plusieurs millénaires le nombre de choses qui ne se font pas n'a guère varié. Mais depuis cinquante ans, la liste en a presque été réduite à rien... Mon Dieu, je veux bien que l'homme reste semblable à lui-même, à travers les siècles, que ce dicton : « Il y a des choses qui ne se font pas », bien qu'ayant l'air de s'inspirer de la Morale, ait une signification beaucoup moins respectable, celle-ci par exemple : « Il y a des abominations que je ne me sens pas capable de faire. » Mais ne vous hâtez pas de tirer d'une telle hypothèse des conclusions trop rassurantes. Les routiers de la guerre de Cent ans, ou, pis encore, les compagnons de Pizarro, étaient assurément des bêtes féroces. L'heure du pillage était, en ce temps-là, pour le soldat, l'heure privilégiée où « toutes les choses peuvent se faire ». Quand toutes les choses peuvent se faire, il n'est pas nécessairement vrai qu'elles sont toutes possibles. Vous auriez demandé à un compagnon de Pizarro, ou à Pizarro lui-même, s'il se sentait capable d'égorger dix petits enfants, il aurait peut-être répondu par l'affirmative. Mais vingt ? Mais cent ? A défaut d'attendrir leurs cœurs, cette boucherie aurait probablement révolté leurs estomacs ; ils auraient fini par vomir sur leurs mains rouges. Ce vomissement plus ou moins tardif aurait marqué, pour eux, la limite de cruauté qu'on ne saurait dépasser sous peine de devenir un monstre irresponsable, un fou. Le premier venu, aujourd'hui, du haut des airs, peut liquider en vingt minutes des milliers de petits enfants avec le maximum de confort, et il n'éprouve de nausées qu'en cas de mauvais temps, s'il est, par malheur, sujet au mal d'avion... Oh ! chère lectrice, inutile de vous agiter ! Sans doute votre mari ou votre amant — l'homme de votre vie — appartient-il à ce corps de bombardiers, en porte le martial uniforme. Je devine qu'il a toujours pour vous, même dans les moments de plus grande intimité, les égards et les délicatesses d'un être d'élite, et vous n'admettez pas que je le compare à un lansquenet allemand du XVIe siècle, à quelque égorgeur qui vous aurait certainement, le cas échéant, violée au premier coin d'une rue en flammes, sur le trottoir, sans même prendre la peine de s'essuyer les mains. Mais voulez-vous que je vous dise ? Ce qui me fait précisément désespérer de l'avenir, c'est que l'écartèlement, l'écorchement, la dilacération de plusieurs milliers d'innocents soit une besogne dont un gentleman peut venir à bout sans salir ses manchettes, ni même son imagination. N'eût-il éventré dans sa vie qu'une seule femme grosse et cette femme fût-elle une Indienne, le compagnon de Pizarro la voyait sans doute parfois reparaître désagréablement dans ses rêves. Le gentleman, lui, n'a rien vu, rien entendu, il n'a touché à rien — c'est la Machine qui a tout fait ; la conscience du gentleman est correcte, sa mémoire s'est seulement enrichie de quelques souvenirs sportifs, dont il régalera, au dodo, « la femme de sa vie », ou celle avec laquelle il

VI

trompe « la femme de sa vie ». Comprenez-vous maintenant, imbéciles ? Comprenez-vous que ce n'est pas le massacre de milliers d'innocents qui nous invite à désespérer de l'avenir, mais c'est que de telles horreurs invitent à désespérer de vous, mais c'est que de telles abominations ne posent déjà même plus de cas de conscience individuel. Seraient-elles dix fois plus atroces encore, elles n'en pèseraient pas davantage, ou pis : leur croissante énormité déborderait de plus en plus, si j'ose dire, les limites relativement étroites de la conscience personnelle. Quant au cas de conscience collectif, épargnez-moi cette plaisanterie, ne me faites pas rigoler ! Il n'y a pas de conscience collective. Une collectivité n'a pas de conscience. Lorsqu'elle paraît en avoir une, c'est qu'il y subsiste le nombre indispensable de consciences réfractaires, c'est-à-dire d'hommes assez indisciplinés pour ne pas reconnaître à l'Etat-Dieu le droit de définir le Bien et le Mal. Chère Madame, je doute que l'être d'élite auquel vous consacrez vos ardeurs appartienne à cette dernière catégorie. Je le devine trop homme du monde pour ne pas se faire une loi d'être « comme tout le monde » ; il ne se sent donc nullement sans doute la vocation d'un réfractaire. Soyons justes, d'ailleurs ! Sur le problème de la guerre totale, au fond, il n'y a pas de réfractaires, tout le monde est d'accord. Depuis quelques mois, je remarque même qu'on se croit désormais dispensé des ah ! des oh ! et des regards au plafond par lesquels un certain nombre de femmes sensibles ou d'ecclésiastiques croyaient devoir accueillir la lecture des comptes rendus de bombardements. Oui, la vieille dame qui recueille les chats errants, le bon chanoine qui dote ses nièces, pense maintenant là-dessus exactement comme un nazi ou un marxiste. Pardonnez-moi, Madame, de mettre sous vos yeux ces deux noms désormais condamnés. L'objet de vos soins, le témoin de vos délires, ne peut être qu'un soldat de la Liberté. Mais si votre soldat de la Liberté est un ancien élève des R. P. Jésuites — un catholique moyen — il ne résoudra évidemment pas ce problème de conscience à la manière d'un disciple de Hitler ou de Staline, il refusera seulement de le poser, puisque le Souverain Pontife n'a pas encore exactement défini ce point de casuistique. Pourquoi voudrait-on que ce brave garçon ne dorme pas tranquille, en effet ? Depuis la guerre d'Ethiopie et celle d'Espagne, on trouverait peu de choses que le citoyen catholique revêtu d'un uniforme n'ait le droit de se croire permis. En tout ce qui regarde la guerre, l'Eglise a de plus en plus tendance à mettre au compte de la collectivité — à inscrire au compte des profits et pertes — tout ce qu'elle ne peut ni approuver ni condamner. Me sera-t-il permis de remarquer en passant que ces prudents distinguo destinés à faciliter le travail des Nonces, aboutissent à favoriser le prestige des idées totalitaires ? Si la Collectivité, le Chef, l'Etat ou le Parti, sont reconnus capables d'assumer la responsabilité des actes les plus atroces, au point que le catholique moyen qui les a commis a parfaitement le droit, sa besogne accomplie, d'aller servir la messe et d'y recevoir la Sainte Communion (pourvu, du moins, qu'il n'ait pas, dans le court trajet du terrain d'aviation à l'Eglise, commis la faute de regarder trop attentivement les jambes de sa voisine d'autobus) comment voudriez-vous que ce chrétien ne se fasse pas, à la longue, de l'Etat Omnipotent, la même idée qu'un disciple de Hitler ? Si l'on peut tout autoriser ou tout absoudre au nom de la Nation, pourquoi pas au nom d'un

VI

Parti, ou de l'homme qui le représente, et qui assume ainsi, par une caricature sacrilège de la Rédemption, les péchés de son peuple ! Comment ne voit-on pas qu'à travers cette brèche ouverte par les casuistiques et les diplomates d'Eglise tout ce qui fait la dignité de l'homme peut s'écouler sans retour ? Et ne dites pas qu'il en a toujours été ainsi, qu'un soldat s'est toujours considéré lui-même comme une espèce d'instrument irresponsable, une machine à tuer. Je vous répondrais d'abord que, en eût-il toujours été ainsi, en effet, il n'en serait pas moins absolument nécessaire de procéder à un nouvel examen de la question. Car l'instrument irresponsable de jadis, avec ses deux bras, ses deux jambes, et quelques armes dont l'efficacité n'a guère varié pendant des millénaires — une arquebuse du XVIe siècle n'étant pas beaucoup plus meurtrière que l'arc numide ou persan, les guerres d'Italie, à la même époque, ont été, grâce à l'armure, parmi les moins sanglantes de l'histoire — voit maintenant chaque jour son pouvoir de destruction multiplié par d'autres mécaniques, encore plus irresponsables que lui. L'outil de jadis est devenu on ne sait quelle prodigieuse association de machines, parmi lesquelles on a parfois du mal à reconnaître la moins perfectionnée, la moins efficiente, celle qui est pourvue d'un cerveau. Hélas ! la grande pitié du Monde n'est pas de manquer de vérités ; elles sont toujours là, le Monde a toujours son compte de vérités, malheureusement il ne sait plus s'en servir ou, pour mieux dire, il ne voit pas. Du moins il ne voit pas les plus simples, celles qui le sauveraient. Il ne sait pas les voir, parce qu'il leur a fermé, non sa raison, mais son cœur. N'importe ! J'affirme une fois de plus que l'avilissement de l'homme se marque à ce signe que les idées ne sont plus pour lui que des formules abstraites et conventionnelles, une espèce d'algèbre, comme si le Verbe ne se faisait plus chair, comme si l'Humanité reprenait, en sens inverse, le chemin de l'Incarnation. Les imbéciles sont capables de discuter indéfiniment sur n'importe quelle question, mais ils se garderont bien de la poser d'une telle manière qu'ils soient forcés d'y répondre... Et, par exemple, pour nous en tenir au sujet qui nous occupe, ils ne se diront jamais : « Voyons ! Voyons ! c'est vrai que le soldat moderne et ses mécaniques ne font plus qu'une seule redoutable Machine. » En somme, tout se passe comme si l'homme était devenu tout à coup, en quelques décades, dans une formidable crise de croissance, un géant pesant quarante tonnes, capable d'abattre deux ou trois gratte-ciel d'un seul coup de poing, de bondir à dix mille mètres, et de courir aussi vite que le son. Certes, lorsque ce phénomène ne mesurait en moyenne qu'un mètre cinquante, et pesait soixante kilos, il était assez dangereux déjà pour qu'on ne lui permît pas de se promener sans sa conscience, mais aujourd'hui la précaution est plus indispensable encore. Etant donnée la dimension de l'animal, une seule conscience nous paraît même bien insuffisante — deux douzaines ne seraient pas trop.

Malheureusement, lorsqu'on raisonne ainsi, on a l'air, je le répète, de penser qu'à toutes les époques le soldat n'a jamais cru être autre chose qu'un instrument passif. Rien n'est plus faux. Je ne désire nullement passer pour un de ces écrivains qui par zèle apologétique parlent toujours de l'ancienne chevalerie avec une excessive complaisance, mais enfin le dernier des imbéciles n'oserait tout de même prétendre qu'un chevalier du XIe ou du XIIe siècle se faisait de sa vocation militaire une idée aussi basse. Loin de se croire un simple outil dans la main de ses chefs, le chevalier s'engageait personnellement par des vœux si solennels qu'aucun ordre, ni même aucune nécessité n'aurait pu le contraindre d'y manquer. Il ne s'engageait pas seulement, remarquez-le bien, à s'abstenir d'actes réputés criminels, mais à en pratiquer librement d'autres que la stricte Morale n'aurait pu lui imposer, qui ne relevaient que de sa conception personnelle de l'Honneur, qui étaient une inspiration de l'Honneur, comme on dit de certains actes gratuits des Saints qu'ils sont une inspiration de l'Esprit. Lorsqu'un Chevalier de l'Hôpital ou du Temple jurait de ne pas refuser le combat pourvu que le nombre de ses adversaires ne dépassât pas le chiffre de trois, il n'était certainement pas d'accord avec les principes de la moderne guerre totale et particulièrement de la guerre totale américaine, car ce que le brave général Patton ferait bien plutôt jurer à ses boys, c'est d'éviter autant que possible de se battre à moins de se trouver trois contre un... Qu'a de commun, je vous le demande, la conception individualiste de la guerre d'un Hospitalier ou d'un Templier, avec celle qui exige l'obéissance aveugle et mécanique d'un homme dégagé, par son métier, de toute obligation morale, placé ainsi hors la loi morale, hors la loi ? La guerre, évidemment, a toujours été une science, mais elle a été aussi jadis un art, et nos pères chrétiens ont même réussi à en faire une espèce de sainteté. Durant des siècles, il a été tenu pour déshonorant de frapper le cheval, c'est-à-dire de démonter l'adversaire. Des milliers d'hommes ont refusé de sauver ainsi leur vie, en face d'un ennemi plus vigoureux, ou mieux confirmé dans les armes. Vous trouverez peut-être que ces gens-là sont maintenant trop loin de nous, mais, en un temps beaucoup moins reculé, quelle tête pensez-vous qu'aurait faite Bayard, par exemple, si quelque diplomate d'Eglise, quelque abject entremetteur casuiste avait prétendu le convaincre que la profession militaire l'autorisait à se conduire en Turc ou en Maure sans courir plus de risque d'être damné qu'un chien. Le bon chevalier aurait sûrement pris par le fond de sa culotte et jeté par la fenêtre le corrupteur de soldats.

Ces sortes de considérations sur la guerre révoltent les imbéciles, je le sais. Les imbéciles veulent absolument considérer cette guerre comme une catastrophe imprévisible, pour la raison, sans doute, qu'ils ne l'ont pas prévue. Si, voilà quelque cinquante-cinq ans, n'était pas né en Allemagne un marmot du nom d'Adolphe, et en Italie un autre marmot du nom de Benito, les imbéciles soutiennent imperturbablement que les hommes seraient toujours prêts à interrompre leurs innocents négoces pour tomber dans les bras les uns des autres en pleurant de joie. Les imbéciles savent pourtant très bien que, depuis 1918, l'humanité garde dans le ventre le fœtus d'une paix avortée et qu'aucun chirurgien n'a encore réussi à la délivrer de cette infection. Ils voient la purulence sortir intarissablement de ce grand corps, mais ils ne sont toujours attentifs qu'à Hitler et à Mussolini, aux deux répugnants bubons que la malade porte sous chaque aisselle. Les imbéciles mettent le nez sur les bubons et ils se disent entre eux : « Comment diable ces choses violacées dont la plus grosse atteint à peine la taille d'un œuf de pigeon, peuvent contenir tant de pus ! » L'idée ne vient pas aux imbéciles que le corps tout entier refait à mesure cette purulence, qu'il faut en tarir la source. Et si,

VI

par hasard, une telle idée leur était venue, ils se seraient bien gardés de l'avouer, car ils sont un des éléments de cette pourriture. La Bêtise, en effet, m'apparaît de plus en plus comme la cause première et principale de la corruption des Nations. La seconde, c'est l'avarice. L'ambition des dictateurs ne vient qu'au troisième rang.

Vous accusez le Racisme allemand d'avoir dévasté la terre. Mais, si les Démocraties n'avaient pas été si sottes et si lâches, les Allemands n'auraient jamais osé se dire un peuple de Seigneurs. Si j'avais la disgrâce d'être Allemand, j'avoue volontiers qu'à Munich, devant Daladier et Chamberlain, les deux Bigs de ce temps-là — bigre de Bigs ! — j'aurais été tenté de me croire non seulement seigneur, mais Dieu.

Aussi longtemps qu'on prendra ou qu'on feindra de prendre cette guerre pour un accident, une anomalie, un phénomène, un exemple bizarre de retour au type primitif, une réapparition du passé dans le présent, il sera parfaitement inutile d'attendre quoi que ce soit, sinon de nouvelles déceptions plus sanglantes. Le désordre actuel ne saurait nullement se comparer, par exemple, à celui qui dévasta le monde après la chute de l'Empire Romain. Nous n'assistons pas à la fin naturelle d'une grande civilisation humaine, mais à la naissance d'une civilisation inhumaine qui ne saurait s'établir que grâce à une vaste, à une immense, à une universelle stérilisation des hautes valeurs de la vie. Car, en dépit de ce que j'écrivais tout à l'heure, il s'agit beaucoup moins de corruption que de pétrification. La Barbarie, d'ailleurs, multipliant les ruines qu'elle était incapable de réparer, le désordre finissait par s'arrêter de lui-même, faute d'aliment, ainsi qu'un gigantesque incendie. Au lieu que la civilisation actuelle est parfaitement capable de reconstruire à mesure tout ce qu'elle jette par terre, et avec une rapidité croissante. Elle est donc sûre de poursuivre presque indéfiniment ses expériences et ses expériences se feront de plus en plus monstrueuses...

VII

Aujourd'hui même les journaux nous apprennent la nouvelle que la langue française ne sera pas considérée à San Francisco comme une langue diplomatique. Nos représentants devront donc faire traduire leurs discours en anglais, en espagnol ou en russe. Nous voilà loin du temps où l'Académie de Berlin proposait son fameux sujet de concours : « Les raisons de la supériorité de la langue française ».

Ceux qui ne voient dans cette exclusion qu'une conséquence naturelle de notre défaite militaire, et se rassurent en pensant qu'une future victoire ne pourra manquer de rendre à notre langue le prestige qu'elle a perdu sont des imbéciles et je n'écris pas pour eux. Vainqueurs ou vaincus, la civilisation des Machines n'a nullement besoin de notre langue, notre langue est précisément la fleur et le fruit d'une civilisation absolument différente de la civilisation des Machines. Il est inutile de déranger Rabelais, Montaigne, Pascal, pour exprimer une certaine conception sommaire de la vie, dont le caractère sommaire fait précisément toute l'efficience. La langue française est une œuvre d'art, et la civilisation des machines n'a besoin pour ses hommes d'affaires, comme pour ses diplomates, que d'un outil, rien davantage. Je dis des hommes d'affaires et des diplomates, faute, évidemment, de pouvoir toujours nettement distinguer entre eux.

VII

Les imbéciles diront que je parle ainsi par amertume. Ils se trompent. J'invite au contraire les imbéciles à ne pas voir, dans la mesure prise contre nous, une manifestation consciente et délibérée de haine, ou seulement de mépris. Les maîtres de la civilisation des Machines ne croient pas à la supériorité de la langue française pour les mêmes raisons sur lesquelles l'Académie de Berlin fondait jadis une opinion contraire. Il va de soi que la langue française ne peut être jugée supérieure à la fois par les humanistes de l'Académie de Berlin et par les hommes de San Francisco. Je m'en vais reprendre un argument dont je me suis déjà servi au cours de ces pages, mais qu'importe ? Il est beaucoup moins nécessaire aujourd'hui de dire beaucoup de vérités que d'en répéter un petit nombre sous différentes formes. Eh bien, si l'Académie de Berlin avait proposé le sujet de concours suivant : « Quelle espèce de monde le Progrès des Lumières, l'avancement des sciences, la lutte universelle contre le Fanatisme et la Superstition nous donneront-ils demain ? », aucun des concurrents n'aurait certainement songé à prévoir rien qui ressemblât, fût-ce de très loin, à la Civilisation des Machines s'exterminant elle-même, au risque, dans sa rage croissante, de détruire la planète avec elle. Mais enfin, si, par impossible, quelque génie naissant, quelque prophète obscur, ou mieux encore quelque apprenti sorcier — Cagliostro par exemple — avait réussi à mettre sous les yeux de la docte compagnie cette vision de cauchemar, les académiciens berlinois se seraient, deux cents ans à l'avance, trouvés d'accord, bien que d'un point de vue différent, avec les négociateurs de San Francisco. Ils auraient certainement jugé que notre langue était bien la dernière qui pût convenir à ce monde hagard et à ces liquidateurs.

Ceux qui m'ont déjà fait l'honneur de me lire savent que je n'ai pas l'habitude de désigner sous le nom d'imbéciles les ignorants ou les simples. Bien au contraire. L'expérience m'a depuis longtemps démontré que l'imbécile n'est jamais simple, et très rarement ignorant. L'intellectuel devrait donc nous être, par définition, suspect ? Certainement. Je dis l'intellectuel, l'homme qui se donne lui-même ce titre, en raison des connaissances et des diplômes qu'il possède. Je ne parle évidemment pas du savant, de l'artiste ou de l'écrivain dont la vocation est de créer — pour lesquels l'intelligence n'est pas une profession, mais une vocation. Oui, dussé-je, une fois de plus, perdre en un instant tout le bénéfice de mon habituelle modération, j'irai jusqu'au bout de ma pensée. L'intellectuel est si souvent un imbécile que nous devrions toujours le tenir pour tel, jusqu'à ce qu'il nous ait prouvé le contraire.

Ayant ainsi défini l'imbécile, j'ajoute que je n'ai nullement la prétention de le détourner de la Civilisation des Machines, parce que cette civilisation le favorise d'une manière incroyable aux yeux de cette espèce d'hommes qu'il appelle haineusement les « originaux », les « inconformistes ». La Civilisation des Machines est la civilisation des techniciens, et dans l'ordre de la Technique un imbécile peut parvenir aux plus hauts grades sans cesser d'être imbécile, à cela près qu'il est plus ou moins décoré. La Civilisation des Machines est la civilisation de la quantité opposée à celle de la qualité. Les imbéciles y dominent donc par le nombre, ils y sont le nombre. J'ai

VII

déjà dit, je dirai encore, je le répéterai aussi longtemps que le bourreau n'aura pas noué sous mon menton la cravate de chanvre : un monde dominé par la Force est un monde abominable, mais le monde dominé par le Nombre est ignoble. La Force fait tôt ou tard surgir des révoltés, elle engendre l'esprit de Révolte, elle fait des héros et des Martyrs. La tyrannie abjecte du Nombre est une infection lente qui n'a jamais provoqué de fièvre. Le Nombre crée une société à son image, une société d'êtres non pas égaux, mais pareils, seulement reconnaissables à leurs empreintes digitales. Il est fou de confier au Nombre la garde de la Liberté. Il est fou d'opposer le Nombre à l'argent, car l'argent a toujours raison du Nombre, puisqu'il est plus facile et moins coûteux d'acheter en gros qu'au détail. Or, l'électeur s'achète en gros, les politiciens n'ayant d'autre raison d'être que de toucher une commission sur l'affaire. Avec une Radio, deux ou trois cinémas, et quelques journaux, le premier venu peut ramasser, en un petit nombre de semaines, cent mille partisans, bien encadrés par quelques techniciens, experts en cette sorte d'industrie. Que pourraient bien rêver de mieux, je vous le demande, les imbéciles des Trusts ? Mais, je vous le demande aussi, quel régime est plus favorable à l'établissement de la dictature ? Car les Puissances de l'Argent savent utiliser à merveille le suffrage universel, mais cet instrument ressemble aux autres, il s'use à force de servir. En exploitant le suffrage universel, elles le dégradent. L'opposition entre le suffrage universel corrompu et les masses finit par prendre le caractère d'une crise aiguë. Pour se délivrer de l'Argent — ou du moins pour se donner l'illusion de cette délivrance — les masses se choisissent un chef, Marius ou Hitler. Encore ose-t-on à peine écrire ce mot de chef. Le dictateur n'est pas un chef. C'est une émanation, une création des masses. C'est la Masse incarnée, la Masse à son plus haut degré de malfaisance, à son plus haut pouvoir de destruction. Ainsi, le monde ira-t-il, en un rythme toujours accéléré, de la démocratie à la dictature, de la dictature à la démocratie, jusqu'au jour...

Je m'arrête ici un moment. Certes — pourquoi le cacherais-je ? — depuis le printemps fatal, depuis le malheur de mon pays, quelque chose en moi s'est brisé, il me semble que je suis devenu incapable de haïr ou de mépriser qui que ce soit. Mais l'ancienne blessure est sans doute encore sensible sous le tissu cicatriciel qui la recouvre. Lorsque j'exprime certaines vérités simples, semblables à celles qu'on vient de lire, je ne puis m'empêcher de penser avec un cruel plaisir à l'embarras des imbéciles qui se croient très différents les uns des autres, et qui vont pourtant se sentir atteints en me lisant au même point de leur sécurité d'imbéciles, par la même insupportable démangeaison. Car le cuir de l'imbécile est réellement un cuir difficile à trouer. Mais qui ne sait que la piqûre d'un moustique est plus douloureuse et plus durable aux endroits du corps les mieux défendus par l'épaisseur de la peau, si le dard de l'insecte est entré assez profond ? « Hé quoi ! diront les imbéciles, l'auteur prétend-il nous interdire d'être démocrates ou fascistes ? Faudra-t-il nous résigner à être seulement imbéciles ? »

Je demande pardon à Dieu de regarder avec trop de complaisance se gratter les imbéciles. La malfaisance n'est pas dans les imbéciles, elle est dans le mystère qui les

VII

favorise et les exploite, qui ne les favorise que pour mieux les exploiter. Le cerveau de l'imbécile n'est pas un cerveau vide, c'est un cerveau encombré où les idées fermentent au lieu de s'assimiler, comme les résidus alimentaires dans un colon envahi par les toxines. Lorsqu'on pense aux moyens chaque fois plus puissants dont dispose le système, un esprit ne peut évidemment rester libre qu'au prix d'un effort continuel. Qui de nous peut se vanter de poursuivre cet effort jusqu'au bout ? Qui de nous est sûr, non seulement de résister à tous les slogans, mais aussi à la tentation d'opposer un slogan à un autre ? Et d'ailleurs le Système fait rarement sa propre apologie, les catastrophes se succèdent trop vite. Il préfère imposer à ses victimes l'idée de sa nécessité. O vous, qui me lisez, veuillez vous examiner sans complaisance et demandez-vous si vous n'êtes pas imbéciles sur ce point ? Que vous formuliez clairement ou non votre pensée, ne raisonnez-vous pas toujours, par exemple, comme si l'histoire obéissait à des lois aussi rigoureusement mécaniques que celle de la gravitation universelle, comme si le monde de 1945, achevé dans toutes ses parties, jusqu'au dernier détail, était apparu à la seconde précise, ainsi qu'une comète dont on a calculé l'orbite ? Oh ! sans doute, un catholique ne s'exprime pas là-dessus comme un marxiste ; le déterminisme historique n'a pas le même vocabulaire que la théologie ; mais enfin, pour l'un comme pour l'autre, on dirait à les entendre que les hommes ne sont absolument pour rien dans les contradictions et les extravagances d'un régime qui remédie à la surproduction par les guerres, faisant ainsi une énorme consommation de consommateurs. Ils ne songent évidemment pas à nier les catastrophes, ils accordent qu'elles se multiplient, et à un rythme sans cesse accéléré ; mais, dès qu'on les pousse, ils répondent avec la même grimace douloureuse qui révèle, non pas, hélas ! le trouble de leur conscience ou le doute de leur esprit, mais la fatigue, la mélancolie, l'écœurement d'un cerveau si parfaitement bourré de notions contradictoires et de formules qu'on n'y trouverait pas la place d'une idée de plus, si modeste fût-elle : « Eh quoi, vous voulez revenir en arrière ? » Il est tout de même étrange qu'un chrétien ose parler ainsi du destin de la libre famille humaine. Sommes-nous des êtres conscients et libres, ou des pierres roulant sur une pente ? S'il est permis de parler ainsi d'une société humaine, pourquoi pas de chacun d'entre nous ? Lorsqu'on dit : revenir de ses erreurs, cette expression ne signifie nullement un retour en arrière. Mais on devrait évoquer bien plutôt l'idée d'un changement de direction dans la marche en avant. Et d'abord il ne s'agit pas de condamner ou même seulement de regretter l'invention des mécaniques, comme s'il était prouvé que l'existence du système était absolument liée au développement naturel des sciences, qu'on ne saurait critiquer ce système sans commettre un attentat contre l'intelligence. A en croire les imbéciles, ce sont les savants qui ont fait le système. Le système est le dernier mot de la Science. Or, le système n'est pas du tout l'œuvre des savants, mais celle d'hommes avides qui l'on créé pour ainsi dire sans intention — au fur et à mesure des nécessités de leur négoce. On connaît le mot de Guizot : « Enrichissez-vous ! » Pour cet homme considérable, comme d'ailleurs pour tous les économistes libéraux de son temps, la lutte féroce des égoïsmes était la condition indispensable et suffisante du progrès humain. Je dis des égoïsmes, car le mot d'ambition a un sens trop noble. On

VII

peut être ambitieux de la gloire, de la puissance, on ne saurait être ambitieux de l'argent. « Qu'importe ! redisaient alors les imbéciles, nous savons bien que la cupidité n'est pas une vertu, mais le monde n'a pas besoin de vertu, il réclame du confort, et la cupidité sans frein des marchands finira, grâce au jeu de la concurrence, par lui fournir ce confort à bas prix, à un prix toujours plus bas. » C'est là une de ces évidences imbéciles qui assurent l'imbécile sécurité des imbéciles. Ces malheureux auraient été bien incapables de prévoir que rien n'arrêterait les cupidités déchaînées, qu'elles finiraient par se disputer la clientèle à coups de canon : « Achète ou meure ! » Ils ne prévoyaient pas davantage que le jour ne tarderait pas à venir où la baisse des prix, fût-ce ceux des objets indispensables à la vie, serait considérée comme un mal majeur — pour la raison trop simple qu'un monde né de la spéculation ne peut s'organiser que pour la spéculation. La première, ou plutôt l'unique nécessité de ce monde, c'est de fournir à la spéculation les éléments indispensables. Oh ! sans doute, il est malheureusement vrai que, en détruisant aujourd'hui les spéculateurs, on risquerait d'atteindre du même coup des millions de pauvres diables qui en vivent à leur insu, qui ne peuvent vivre d'autre chose, puisque la spéculation a tout envahi. Mais quoi ! le cancer devenu inopérable parce qu'il tient à un organe essentiel par toutes ses fibres hideuses n'en est pas moins un cancer.

Je vous dénonce ce cancer. J'aurais eu un immense mérite, j'aurais pris ma place entre les génies protecteurs de l'humanité, si je l'avais dénoncé il y a une cinquantaine d'années aussi nettement que je le fais à cette minute.

N'étant nullement un génie, mais un homme doué de bon sens, je ne tire aucune satisfaction d'amour-propre à vous dire que notre société est en train de crever, parce que cela se voit très clairement à sa mine. Vous le verriez comme moi, si vous vouliez le voir. Mon rôle n'est pas de vous fournir la technique de l'opération nécessaire, je ne suis pas chirurgien, j'ignore si l'opération est encore possible. Dans le cas où elle est possible, elle est urgente, elle est d'une extrême urgence. Voyons ! Comment ces deux guerres, la brève période qui les sépare l'une de l'autre, ces convulsions, ces fureurs, n'évoquent-elles pas à votre esprit les efforts désespérés d'un organisme vivant pour expulser, rejeter des toxines mortelles ? Oh ! je le sais aussi bien que vous, imbéciles ! ces images ne sont que des images. Une société humaine ne périt pas comme le premier venu d'entre nous empoisonné par des champignons vénéneux... La chose est à la fois plus simple et plus compliquée. Quand la société impose à l'homme des sacrifices supérieurs aux services qu'elle lui rend, on a le droit de dire qu'elle cesse d'être humaine, qu'elle n'est plus faite pour l'homme, mais contre l'homme. Dans ces conditions, s'il arrive qu'elle se maintienne, ce ne peut être qu'aux dépens des citoyens ou de leur liberté ! Imbéciles, ne voyez-vous pas que la civilisation des machines exige en effet de vous une discipline chaque jour plus stricte ? Elle l'exige au nom du Progrès, c'est-à-dire au nom d'une conception nouvelle de la vie, imposée aux esprits par son énorme machinerie de propagande et de publicité. Imbéciles ! comprenez donc que la civilisation des machines est elle-même une machine, dont tous les mouvements doivent être de plus en plus parfaitement synchronisés ! Une récolte exceptionnelle de café au Brésil

VII

influe aussitôt sur le cours d'une autre marchandise en Chine ou en Australie ; le temps n'est certainement pas loin où la plus légère augmentation de salaires au Japon déchaînera des grèves à Detroit ou à Chicago, et finalement mettra une fois encore le feu au monde. Imbéciles ! avez-vous jamais imaginé que dans une société où les dépendances naturelles ont pris le caractère rigoureux, implacable, des rapports mathématiques, vous pourrez aller et venir, acheter ou vendre, travailler ou ne pas travailler, avec la même tranquille bonhomie que vos ancêtres ? Politique d'abord ! disait Maurras. La Civilisation des Machines a aussi sa devise : « Technique d'abord ! technique partout ! » Imbéciles ! vous vous dites que la technique ne contrôlera, au pis-aller, que votre activité matérielle, et comme vous attendez pour demain la « Semaine de Cinq Heures » et la Foire aux attractions ouverte jour et nuit, cette hypothèse n'a pas de quoi troubler beaucoup votre quiétude. Prenez garde, imbéciles ! Parmi toutes les Techniques, il y a une technique de la discipline, et elle ne saurait se satisfaire de l'ancienne obéissance obtenue vaille que vaille par des procédés empiriques, et dont on aurait dû dire qu'elle était moins la discipline qu'une indiscipline modérée. La Technique prétendra tôt ou tard former des collaborateurs acquis corps et âme à son Principe, c'est-à-dire qui accepteront sans discussion inutile sa conception de l'ordre, de la vie, ses Raisons de Vivre. Dans un monde tout entier voué à l'Efficience, au Rendement, n'importe-t-il pas que chaque citoyen, dès sa naissance, soit consacré aux mêmes dieux ? La Technique ne peut être discutée, les solutions qu'elle impose étant par définition les plus pratiques. Une solution pratique n'est pas esthétique ou morale. Imbéciles ! La Technique ne se reconnaît-elle pas déjà le droit, par exemple, d'orienter les jeunes enfants vers telle ou telle profession ? N'attendez pas qu'elle se contente toujours de les orienter, elle les désignera. Ainsi, à l'idée morale, et même surnaturelle, de la vocation s'oppose peu à peu celle d'une simple disposition physique et mentale, facilement contrôlable par les Techniciens. Croyez-vous, imbéciles, qu'un tel système, et si rigoureux, puisse subsister par le simple consentement ? Pour l'accepter comme il veut qu'on l'accepte, il faut y croire, il faut y conformer entièrement non seulement ses actes, mais sa conscience. Le système n'admet pas de mécontents. Le rendement d'un mécontent — les statistiques le prouvent — est inférieur de 30 % au rendement normal, et de 50 ou 60 % au rendement d'un citoyen qui ne se contente pas de trouver sa situation supportable — en attendant le Paradis — mais qui la tient pour la meilleure possible. Dès lors, le premier venu comprend très bien quelle sorte de collaborateur le technicien est tenu logiquement de former. Il n'y a rien de plus mélancolique que d'entendre les imbéciles donner encore au mot de Démocratie son ancien sens. Imbéciles ! Comment diable pouvez-vous espérer que la Technique tolère un régime où le technicien serait désigné par le moyen du vote, c'est-à-dire non pas selon son expérience technique garantie par des diplômes, mais selon le degré de sympathie qu'il est capable d'inspirer à l'électeur ? La Société moderne est désormais un ensemble de problèmes techniques à résoudre. Quelle place le politicien roublard, comme d'ailleurs l'électeur idéaliste, peuvent-ils avoir là-dedans ? Imbéciles ! Pensez-vous que la marche de tous ces rouages économiques, étroitement dépendants les uns des autres et tournant à la vitesse de l'éclair va dépendre demain du bon plaisir des braves gens rassemblés dans les comices pour acclamer tel ou tel programme électoral ? Imaginez-vous que la Technique d'orientation professionnelle, après avoir désigné pour quelque emploi subalterne un citoyen jugé particulièrement mal doué, supportera que le vote de ce malheureux décide, en dernier ressort, de l'adoption ou du rejet d'une mesure proposée par la Technique elle-même ? Imbéciles ! chaque progrès de la Technique vous éloigne un peu plus de la démocratie rêvée jadis par les ouvriers idéalistes du Faubourg Saint-Antoine. Il ne faut vraiment pas comprendre grand'-chose aux faits politiques de ces dernières années pour refuser encore d'admettre que le Monde moderne a déjà résolu, au seul avantage de la Technique, le problème de la Démocratie. Les Etats totalitaires, enfants terribles et trop précoces de la Civilisation des Machines, ont tenté de résoudre ce problème brutalement, d'un seul coup. Les autres nations brûlaient de les imiter, mais leur évolution vers la dictature s'est trouvée un peu ralentie du fait que, contraintes après Munich d'entrer en guerre contre le hitlérisme et le fascisme, elles ont dû, bon gré mal gré, faire de l'idée démocratique le principal, ou plus exactement l'unique élément de leur propagande. Pour qui sait voir, il n'en est pas moins évident que le Réalisme des démocraties ne se définit nullement lui-même par des déclarations retentissantes et vaines comme, par exemple, celle de la Charte de l'Atlantique, déjà tombée dans l'oubli.

Depuis la guerre de 1914, c'est-à-dire depuis leurs premières expériences, avec Lloyd George et Clemenceau, des facilités de la dictature, les Grandes Démocraties ont visiblement perdu toute confiance dans l'efficacité des anciennes méthodes démocratiques de travail et de gouvernement. On peut être sûr que c'est parmi leurs anciens adversaires, dont elles apprécient l'esprit de discipline, qu'elles recruteront bientôt leurs principaux collaborateurs ; elles n'ont que faire des idéalistes, car l'Etat Technique n'aura demain qu'un seul ennemi : « l'homme qui ne fait pas comme tout le monde » — ou encore : « l'homme qui a du temps à perdre » — ou plus simplement si vous voulez : « l'homme qui croit à autre chose qu'à la Technique ».

VIII

Imbéciles ! chaque fois que j'écris votre nom, je me reproche de donner au dernier chapitre de ce modeste petit livre l'apparence d'une espèce de proclamation aux Imbéciles. N'importe ! A bien réfléchir, votre salut m'apparaît de plus en plus comme la condition — peut-être surnaturelle — du salut de tous les hommes. Dans la Civilisation des Machines, pourquoi ne tiendriez-vous pas, en effet, la place des pauvres ? L'ancien monde sacrifiait le pauvre à sa prospérité, à sa grandeur, à sa beauté, à ses plaisirs. Le monde moderne vous sacrifie à ses expériences démesurées. Il ne vous sacrifie pas de la même manière que l'ancien monde sacrifiait le pauvre. Jadis le pauvre manquait du nécessaire pour que le riche puisse jouir du superflu. Mais l'espèce de pauvreté qui vous est particulière n'enrichit personne, les imbéciles ne sont pas imbéciles pour que certains privilégiés de l'intelligence aient du génie. Il arrivait autrefois que les pauvres se révoltassent. Quel pourrait bien être le but de la révolte des pauvres sinon de dépouiller les riches ? La révolte des imbéciles n'a pas de but.

J'ai écrit dans « les Grands Cimetières » que la colère des imbéciles menaçait le monde. La « Colère des Imbéciles » ravage aujourd'hui la Terre. Elle est mille fois plus redoutable que celle des Huns ou des Vandales. Les Huns et les Vandales voulaient de l'or, du vin, des femmes et de grandes chevauchées sous les étoiles. Mais les imbéciles ne savent pas ce qu'ils veulent. Les imbéciles se

VIII

battent avec le désespoir convulsif d'un noyé qui s'accroche des ongles à l'épave, et sanglote de la sentir s'enfoncer sous lui. Certes, le hitlérisme ou le fascisme ne pouvaient soutenir personne à la surface des eaux, dans cet ouragan d'apocalypse. Mais les imbéciles, rendus furieux par la peur, seraient parfaitement incapables d'utiliser la meilleure des planches de salut.

La colère des imbéciles est pour la Civilisation des Machines un témoignage accablant. Une société normale compte toujours une grande proportion d'imbéciles, c'est entendu, mais ils s'y distinguent peu des autres citoyens pour la raison que, étant incapables de recevoir beaucoup d'idées à la fois, ils n'en accueillent par un naturel réflexe de défense que le petit nombre indispensable à l'entretien de leur vie, à l'exercice de leur métier. La Civilisation des Machines force cette défense jour et nuit. La Civilisation des Machines a besoin, sous peine de mort, d'écouler l'énorme production de sa machinerie et elle utilise dans ce but — pour employer l'expression vengeresse inventée au cours de la dernière guerre mondiale par le génie populaire — des machines à bourrer le crâne. Oh ! je sais, le mot vous fait sourire. Vous n'êtes même plus sensible au caractère réellement démoniaque de cette énorme entreprise d'abêtissement universel, où l'on voit collaborer les intérêts les plus divers, des plus abjects aux plus élevés — car les religions utilisent déjà les slogans. Politiciens, spéculateurs, gangsters, marchands, il ne s'agit que de faire vite, d'obtenir le résultat immédiat, coûte que coûte, soit qu'il s'agisse de lancer une marque de savon, ou de justifier une guerre, ou de négocier un emprunt de mille milliards. Ainsi les bons esprits s'avilissent, les esprits moyens deviennent imbéciles, et les imbéciles, le crâne bourré à éclater, la matière cérébrale giclant par les yeux et par les oreilles, se jettent les uns sur les autres, en hurlant de rage et d'épouvante.

Ne pas comprendre ! il faudrait un peu plus de cœur que n'en possèdent la plupart des hommes d'aujourd'hui pour ressentir la détresse de ces êtres malheureux auxquels on retire impitoyablement toute chance d'atteindre le petit nombre d'humbles vérités auxquelles ils ont droit, qu'un genre de vie proportionné à leurs modestes capacités leur aurait permis d'atteindre, et qui doivent subir, de la naissance à la mort, la furie des convoitises rivales, déchaînées dans la presse, la radio. Être informé de tout et condamné ainsi à ne rien comprendre, tel est le sort des imbéciles. Toute la vie d'un de ces infortunés ne suffirait pas probablement à lui permettre d'assimiler la moitié des notions contradictoires qui, pour une raison ou pour une autre, lui sont proposées en une semaine. Oui, je sais que je suis presque seul à dénoncer si violemment ce crime organisé contre l'esprit. Je sais que les imbéciles dont je prends ainsi la défense n'attendent que l'occasion de me pendre, ou peut-être de me manger, car où s'arrêtera leur colère ? N'importe ! je répète que ce ne sont pas les Machines à tuer qui me font peur. Aussi longtemps que tueront, brûleront, écorcheront, disséqueront les Machines à tuer, nous saurons du moins qu'il y a encore des hommes libres, ou du moins suspects de l'être. La plus redoutable des machines est la machine à bourrer les crânes, à liquéfier les cerveaux. Oui, oui, riez tant que vous voudrez de ma colère, misérables prêtres sans cœur ! Tant que vous aurez

VIII

un bout de tribune pour y menacer de l'enfer l'imbécile qui ne tire pas sa casquette au Curé, ou qui ne donne pas à la quête, vous vous vanterez de tenir en main des consciences. Mais la Machine à bourrer les crânes en aura fini depuis longtemps avec le jugement, et sans jugement, pas de conscience ! Vos menaces ne toucheront plus que les tripes, non les âmes.

Les âmes ! On rougit presque d'écrire aujourd'hui ce mot sacré. Les mêmes prêtres imposteurs diront qu'aucune force au monde ne saurait avoir raison des âmes. Je ne prétends pas que la Machine à bourrer les crânes est capable de débourrer les âmes, ou de vider un homme de son âme, comme une cuisinière vide un lapin. Je crois seulement qu'un homme peut très bien garder une âme et ne pas la sentir, n'en être nullement incommodé ; cela se voit, hélas ! tous les jours. L'homme n'a de contact avec son âme que par la vie intérieure, et dans la Civilisation des Machines la vie intérieure prend peu à peu un caractère anormal. Pour des millions d'imbéciles, elle n'est qu'un synonyme vulgaire de la vie subconsciente, et le subconscient doit rester sous le contrôle du psychiatre. Oh ! sans doute, le psychiatre ne saurait être tenu pour responsable de cette bêtise, mais il ne peut pas non plus faire grand'chose contre elle. La Civilisation des Machines qui exploite le travail désintéressé du savant est moins tentée que jamais de lui déléguer la plus petite part de son magistère sur les consciences. Peut-être eût-elle été tentée de le faire au temps de la science matérialiste dont certaines théories, du moins en apparence, s'accordaient avec sa propre conception de la vie, mais la science actuelle ne se prête nullement aux grossières simplifications de la propagande.

Dans sa lutte plus ou moins sournoise contre la vie intérieure, la Civilisation des Machines ne s'inspire, directement du moins, d'aucun plan idéologique, elle défend son principe essentiel, qui est celui de la primauté de l'action. La liberté d'action ne lui inspire aucune crainte, c'est la liberté de penser qu'elle redoute. Elle encourage volontiers tout ce qui agit, tout ce qui bouge, mais elle juge, non sans raison, que ce que nous donnons à la vie intérieure est perdu pour la communauté. Lorsque l'idée du salut a une signification spirituelle, on peut justifier l'existence des contemplatifs — c'est ce que fait l'Eglise au nom de la réversibilité des mérites et de la Communion des Saints. Mais dès qu'on a fait descendre du ciel sur la terre l'idée du salut, si le salut de l'homme est ici-bas, dans la domination chaque jour plus efficiente de toutes les ressources de la planète, la vie contemplative est une fuite ou un refus. Pour employer une autre expression de l'avant-dernière guerre, dans la Civilisation des Machines tout contemplatif est un embusqué. La seule espèce de vie intérieure que le Technicien pourrait permettre serait tout juste celle nécessaire à une modeste introspection, contrôlée par le Médecin, afin de développer l'optimisme, grâce à l'élimination, jusqu'aux racines, de tous les désirs irréalisables en ce monde.

Imbéciles ! Vous vous fichez éperdument de la vie intérieure, mais c'est tout de même en elle et par elle que se sont transmises jusqu'à nous des valeurs indispensables, sans quoi la liberté ne serait qu'un mot. Vous vous fichez non moins éperdument de ces valeurs ?

VIII

Soit ! Ce que j'écrivais il y a un instant sur les gaillards qui se sont à peu près libérés de leur âme ne vous intéresse pas davantage ? Tant pis. Je me permettrai pourtant de revenir sur ce type si parfaitement représentatif, en un sens, de l'ordre et de la civilisation des machines, l'aviateur bombardier. A ce mot, les imbéciles recommencent à se gratter ; je devrai donc vous ouvrir une parenthèse. Il est d'usage, pour essayer de distinguer entre eux les imbéciles, de les classer en imbéciles de droite et en imbéciles de gauche. Les imbéciles de gauche n'auront pas tort de dire que la guerre totale est une invention des fascistes. Mais supposons, par exemple, qu'au temps de la guerre espagnole, les vaillantes armées russes aient envahi l'Allemagne. Existe-t-il, à droite ou à gauche, un imbécile assez imbécile pour oser me démentir si je dis que les aviateurs du Maréchal Staline auraient pu se comporter exactement comme le firent, quatre ans plus tard, les aviateurs du Maréchal Gœring, sans encourir le moindre blâme de leurs amis ? Ces messieurs, en se grattant plus énergiquement que jamais, auraient invoqué les impitoyables nécessités de la guerre, comme dix ans plus tôt ils invoquaient, pour excuser les milliers de cadavres de l'épuration léniniste, les nécessités, non moins sacrées de la révolution communiste. Imbéciles de droite et de gauche, chiens que vous êtes, si vous vous grattez si furieusement, c'est que vous vous sentez, au fond, tous d'accord, vous savez tous très bien qu'à la Civilisation des Machines doit logiquement correspondre la guerre des machines. Assez de grimaces, hypocrites ! Torchez-vous une dernière fois les yeux, et revenons si vous le voulez bien à l'aviateur bombardier. Je disais donc que le brave type qui vient de réduire en cendres une ville endormie se sent parfaitement le droit de présider le repas de famille, entre sa femme et ses enfants, comme un ouvrier tranquille sa journée faite. « Quoi de plus naturel ! » pense l'imbécile, dans sa logique imbécile, « ce brave type est un soldat, il y a toujours eu des soldats ». Je l'accorde. Mais le signe inquiétant, et peut-être fatal, c'est que précisément rien ne distingue ce tueur du premier passant venu, et ce passant lui-même, jusqu'ici doux comme un agneau, n'attend qu'une consigne pour être tueur à son tour, et, devenant tueur, il ne cessera pas d'être un agneau. Ne trouvez-vous pas cela étrange ? Un tueur d'autrefois se distinguait facilement des autres citoyens, non seulement par le costume, mais par sa manière de vivre. Un vieux routier espagnol, un lansquenet allemand, ivrogne, bretteur et paillard, se mettaient, comme d'eux-mêmes, en dehors, ou en marge de la communauté. Ils agissaient ainsi par bravade sans doute, mais nous savons que la bravade et le cynisme sont toujours une défense, plus ou moins consciente, contre le jugement d'autrui, le masque d'une honte secrète, une manière d'aller au-devant d'un affront possible, de rendre terreur pour mépris. Car le routier espagnol, le lansquenet allemand se jugeaient, eux aussi, de simples instruments irresponsables entre les mains de leurs chefs, mais ils n'en étaient pas fiers. Ils préféraient qu'on les crût plutôt criminels que dociles. Ils voulaient que leur irresponsabilité parût venir plutôt de leur nature, de leurs penchants, de la volonté du Bon Dieu, auquel ils croyaient en le blasphémant. Le bombardier d'aujourd'hui, qui tue en une nuit plus de femmes et d'enfants que le lansquenet en dix ans de guerre, ne souffrirait pas qu'on le prît pour un garçon mal élevé, querelleur. « Je suis bon comme le pain, dirait-il

VIII

volontiers, bon comme le pain et même, si vous y tenez, comme la lune. Le grincement de la roulette du dentiste me donne des attaques de nerfs et je m'arrêterais sans respect humain dans la rue pour aider les petits enfants à faire pipi. Mais ce que je fais, ou ne fais pas, lorsque je suis revêtu d'un uniforme, c'est-à-dire au cours de mon activité comme fonctionnaire de l'Etat, ne regarde personne. »

Je répète que cette espèce d'homme diffère absolument de celle où se recrutaient jadis les aventuriers, les soudards. Elle est mille fois plus dangereuse, ou, pour mieux dire, afin de n'être pas injuste, son apparition et sa propagation parmi nous est un présage inquiétant, une menace. L'espèce des soudards demeurait nécessairement peu nombreuse. On ne trouve pas, à chaque coin de rue, de ces risque-tout, de ces hors-la-loi — la guerre moderne, d'ailleurs, s'en accommoderait mal ; les fameux miquelets seraient plutôt aujourd'hui, en Amérique du Nord, des gangsters ou des policiers... Il est prouvé aujourd'hui que la Civilisation des Machines, pour ses besognes les plus sanglantes, peut trouver des collaborateurs dans n'importe quelle classe de la société, parmi les croyants ou les incroyants, les riches ou les pauvres, les intellectuels ou les brutes. Trouvez-vous cela très rassurant, imbéciles ? Moi, pas. Oh ! sans doute, les bombardiers démocrates, dites-vous, exécutent une besogne de justice. Mais les bombardiers d'Italie, par exemple, à l'époque de la guerre d'Ethiopie, ne pouvaient nullement prétendre exécuter une besogne de justice. Ils ne s'en recrutaient pas moins dans les mêmes milieux décents, bien-pensants. Et rappelez-vous, rappelez-vous un peu !... Parmi les justiciers démocrates d'aujourd'hui en Amérique, comme en Angleterre, n'auriez-vous pas trouvé alors un grand nombre d'amis et d'admirateurs de Mussolini ? M. Churchill lui-même ne comptait-il pas alors parmi eux ? Imbéciles ! Voilà longtemps que je le pense, si notre espèce finit par disparaître un jour de cette planète, grâce à l'efficacité croissante des techniques de destruction, ce n'est pas la cruauté qui sera responsable de notre extinction et moins encore, bien entendu, l'indignation qu'elle inspire, les représailles et les vengeances qu'elle suscite ; ni la cruauté, ni la vengeance, mais bien plutôt la docilité, l'irresponsabilité de l'homme moderne, son abjecte complaisance à toute volonté du collectif. Les horreurs que nous venons de voir, et celles pires que nous verrons bientôt, ne sont nullement le signe que le nombre des révoltés, des insoumis, des indomptables, augmente dans le monde, mais bien plutôt que croît sans cesse, avec une rapidité stupéfiante, le nombre des obéissants, des dociles, des hommes, qui, selon l'expression fameuse de l'avant-dernière guerre, « ne cherchaient pas à comprendre ». Imbéciles ! Imbéciles ! Êtes-vous assez parfaitement imbéciles pour croire que, si demain, par exemple, l'impérialisme russe affrontait l'impérialisme américain, les bombardiers de l'une et l'autre nation hésiteraient une seconde à remplir de nouveau leur tâche ? Allez ! Allez ! imbéciles ! nous n'en resterons pas là. Les mêmes mains innocentes se feront demain dans la paix, avec la même indifférence professionnelle, les humbles servantes de l'Etat contre les inconformistes de mon espèce, les mal-pensants. « Que voulez-vous ? Je n'en suis pas responsable », voilà l'excuse-type, valable pour n'importe quel cas. Des milliers de braves gens de mon pays l'ont entendue tomber de la

VIII

bouche du policier ou du gendarme de Vichy, pendant l'occupation allemande. Ces policiers, ces gendarmes étaient leurs compatriotes, souvent même leurs anciens camarades de la guerre, n'importe ! Pétain se nommait le Chef de l'Etat, et l'Etat, dont les imbéciles croient dur comme fer que le rôle est de les élever, ou de les nourrir, de les instruire, de les soigner dans leurs maladies, de les entretenir dans leur vieillesse et finalement de les enterrer, a tous les droits. Que Pétain fût devenu Chef de l'Etat par une véritable escroquerie et dans les conditions les plus déshonorantes pour un militaire, c'est-à-dire à la faveur de la déroute, le policier ou le gendarme ne s'embarrassaient nullement de ce détail. Au fond, l'immense majorité des hommes modernes est d'accord sur ce point. Le Pouvoir légitime est celui qui tient les cordons de la bourse, et par conséquent dispose des fonds nécessaires pour les entretenir, eux et leur progéniture. Si les chiens raisonnaient, ils ne raisonneraient pas autrement en faveur de celui qui leur donne la niche et la pâtée. « Ne te fâche pas, disait le gendarme de Vichy à son compatriote, je m'en vais te livrer à la police allemande, qui après t'avoir scientifiquement torturé te fusillera, mais que veux-tu ? Le Gouvernement m'a donné une situation, et je ne peux naturellement pas risquer de perdre cette situation, sans parler de ma petite retraite future. Allons ! ouste ! Il ne faut pas chercher à comprendre. » La preuve que ce raisonnement est tout à fait dans le sens et l'esprit de la vie moderne, c'est que personne ne songe aujourd'hui à inquiéter ce policier ou ce gendarme. Lorsque ce brave serviteur de l'Etat rencontre le Général de Gaulle, il le salue, et le Général lui rend certainement son salut avec bienveillance.

Obéissance et irresponsabilité, voilà les deux Mots Magiques qui ouvriront demain le Paradis de la Civilisation des Machines. La civilisation française, héritière de la civilisation hellénique, a travaillé pendant des siècles pour former des hommes libres, c'est-à-dire pleinement responsables de leurs actes : la France refuse d'entrer dans le Paradis des Robots.

Et d'ailleurs, ce Paradis n'existe pas. Rien non plus ne l'annonce. Dans son discours d'inauguration à la Conférence de San Francisco, le nouveau Président des Etats-Unis, Harry Truman, a déclaré textuellement : « Avec la brutalité et la destruction en rythme croissant, la guerre moderne, si nous ne réussissons pas à la contenir, détruira, en dernière instance, toute la civilisation. » Cette conférence est sans doute la dernière opportunité de salut qui est laissée au monde. Or, je le demande aux imbéciles, n'est-ce pas la condamnation du Système et de la Civilisation fondés sur le primat des formes les plus grossières de l'action que de telles paroles aient pu être prononcées, notamment par ce Truman, politicien d'affaires, sans race, sans passé, sans culture, et qui devrait avoir dans la Civilisation des Machines une confiance aveugle ? Hélas ! nous voyons bien se perfectionner chaque jour les instruments et les méthodes de la destruction, mais que trouvons-nous à opposer à la guerre sinon la guerre elle-même ? Oh ! je sais bien, il y a les conférences et les traités. Mais les imbéciles eux-mêmes comprennent que le perfectionnement de la guerre entraine logiquement l'affaiblissement et la décadence des méthodes pacifiques de la diplomatie. Chaque invention nouvelle accroît le prestige de la Force, et fait décroître celui du Droit. Dans un monde armé jusqu'aux dents, le Juge de Droit International Public finit par devenir une espèce de personnage cocasse, le survivant d'une époque disparue. Et d'ailleurs, il n'y a pas de professeur à la Conférence de San Francisco ; le public a déjà très bien compris qu'elle est un événement de la guerre, qu'elle est dans le cadre de la guerre, les maîtres de la guerre s'y faisant représenter par des civils dont la seule besogne sera de traduire les formules de l'impérialisme en langage diplomatique et juridique.

FIN.

Disponibles chez AOJB :

Atala, de Chateaubriand, illustré par G. Doré
Exégèse des lieux communs, de Léon Bloy
Histoire de France, de J. Bainville ill. par JOB
Napoléon, de J. Bainville par JOB
Petite Histoire de France, de J. Bainville ill. par JOB
La Chevalerie, de Léon Gautier (illustré)
Roland Furieux, de l'Arioste (600 gravures de Gustave Doré)
La chanson des vieux époux, de Pierre Loti, (illustrations de H. Somm)
La Psychologie des Foules, de G. Lebon
La grève des électeurs, de Octave Mirbeau
L'appel des armes, de Ernest Psichari
L'Ame russe, recueil de contes russes
L'ancien régime et la révolution, d'A. de Tocqueville
Le Capital, de Karl Marx résumé par G. Deville

Le Manifeste du Parti Communiste, de Marx et Engels

Réflexions Politiques, de Jacques Bainville

Le dernier jour d'un condamné, de Victor Hugo,

Les aventures du Baron de Münchhausen, illustrées par G.Doré

Les Poilus à travers les âges, de Henriot

Maximes, pensées et réflexions, de Napoléon Bonaparte

Murat, de G. Montorgueil (illustrations couleurs de JOB)

Les fleurs du mal, (350 illustrations d'E. Bernard) de C. Baudelaire

La France contre les robots, de Georges Bernanos

L'avenir de l'intelligence, de Charles Maurras,

Ma vie aventureuse, de Conan Doyle

Exploits et aventures du colonel Gérard, de Conan Doyle

….